人物叢書

新装版

佐伯今毛人

さえきのいまえみし

角田文衛

日本歴史学会編集

吉川弘文館

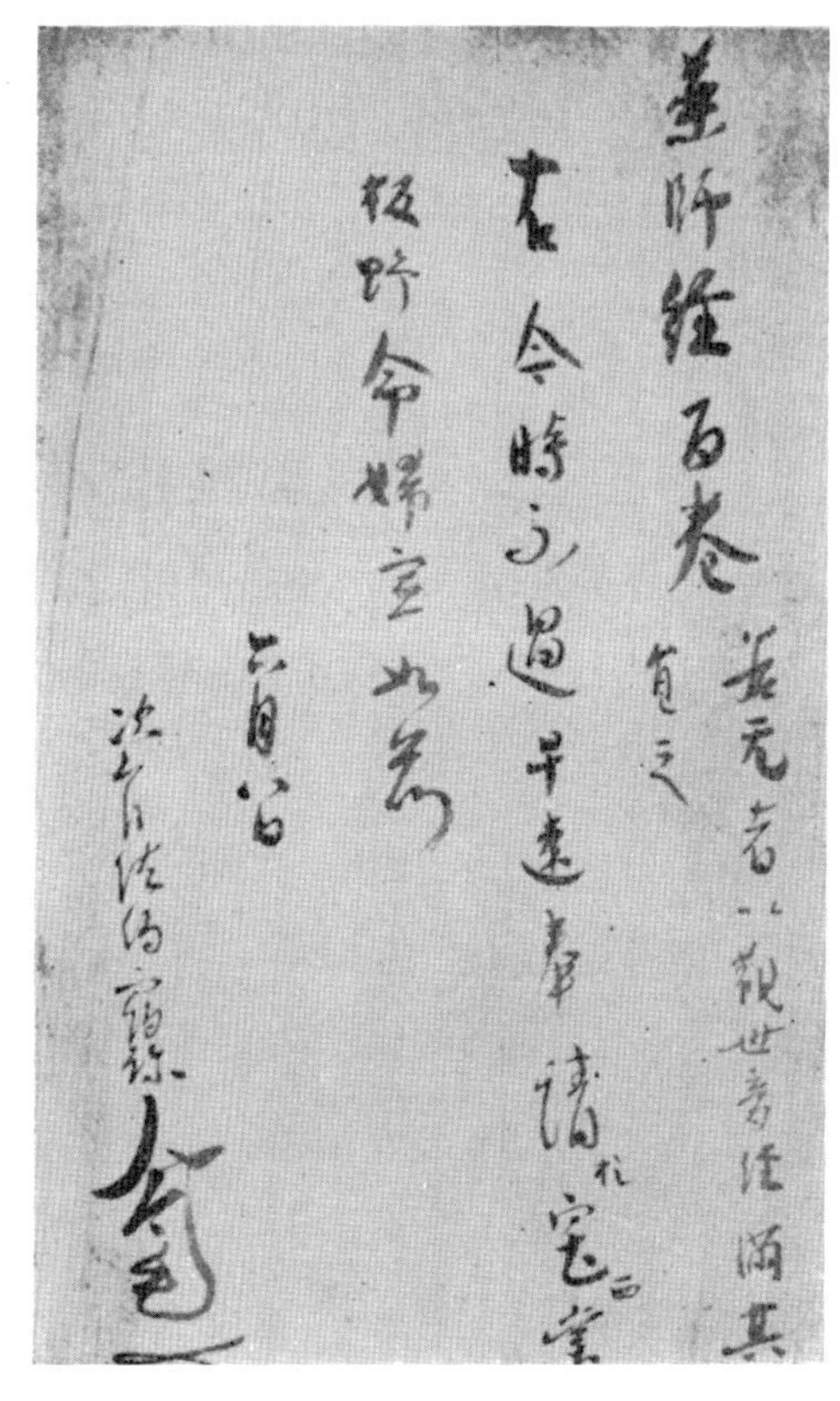

薬師経百巻　若无者以㆓観世音経㆒満㆓其
　員㆒之
右令ミ時不㆑過早速奉ヿ請於宅西堂㆒
板野命婦宣如㆑前
　六月八日
　次官佐伯宿禰　今毛人

佐伯今毛人自筆朱書文書（造東大寺次官佐伯今毛人薬師経奉請文〔ほうしようもん〕）

（天地9.35寸　左右6.4寸）（『正倉院文書』）（本文126ページ参照）

東大寺大仏殿の創建当時の模型　（東京大学工学部所蔵）

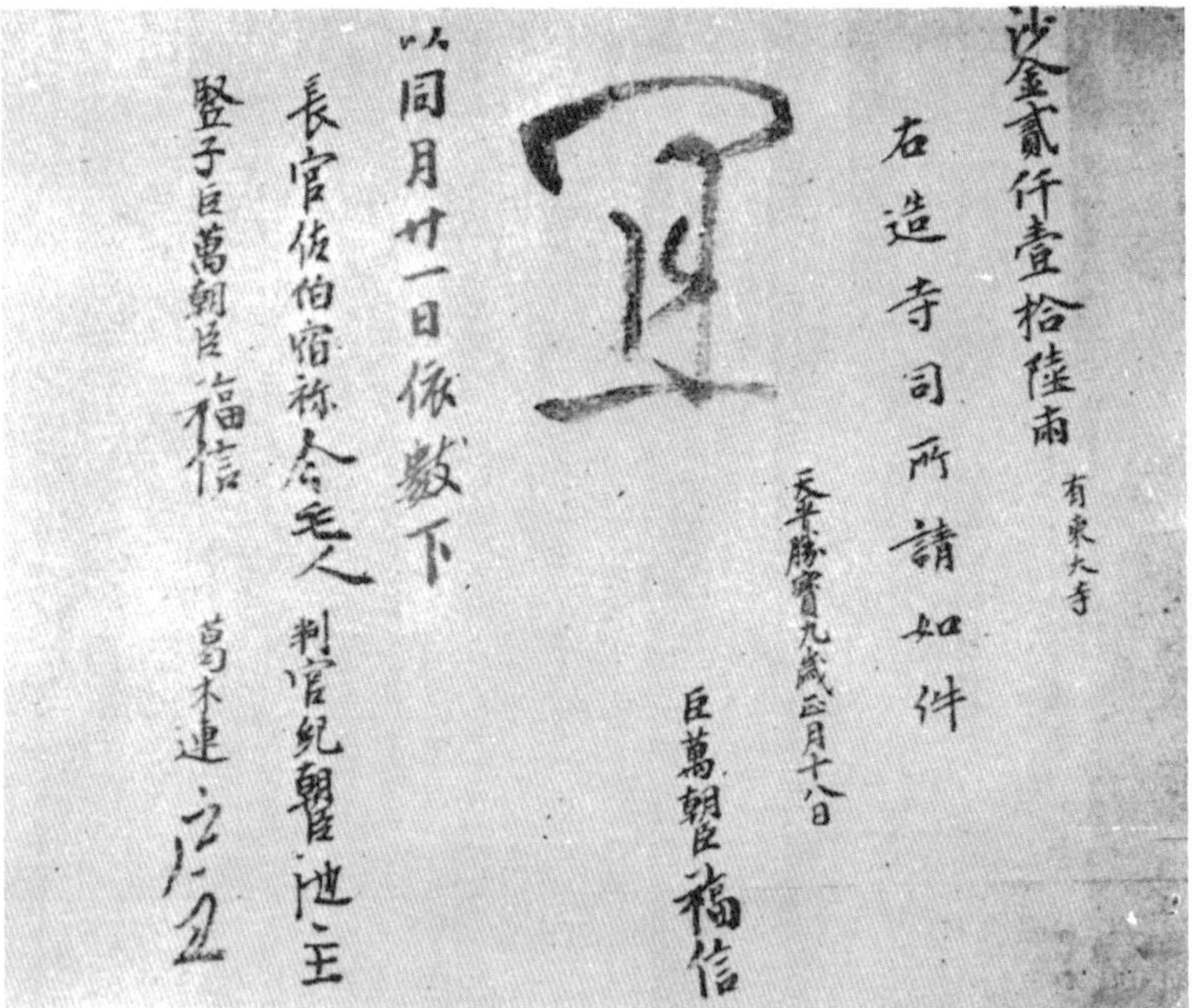

沙金貳仟壹拾陸両　有東大寺
右造寺司所請如件
天平勝寶九歳正月十八日
臣萬朝臣福信
宜
以同月廿一日依數下
長官佐伯宿祢今毛人　判官紀朝臣池主
竪子臣萬朝臣福信　葛木連戸主

造東大寺司沙金奉請文　（正倉院御物）

（天地9.6寸 左右30.2寸）（解説本文135ページ参照）

はしがき

古代世界における二大殿堂を挙げるならば、それはパルテノーンと東大寺であると、私はおもう。東大寺の建立が、聖武天皇や光明皇后の発願にかかることは誰もが知っているが、その造営を主宰した佐伯今毛人(いまえみし)や彼の兄・真守(まもる)の名は、意外なほど一般に知られていない。パルテノーンの建立がペリクレースによって意図され、ペイディアスの監督のもとに成就されたことが世界周知の事実であるに対して、そうした無関心さは放置さるべきではないであろう。

奈良朝の政治史は、錯綜(さくそう)を極め、高級官人で終りを全うした人は、そう多くはないのである。名門ではあっても、中級貴族の家に出た今毛人は、政争の渦巻をよく乗りきって世紀のモニュメント—東大寺—の造営をみごとなし遂げたばかりでなく、西大寺の建築、怡土城の造築、長岡京の建設にも心血を注ぎ、数々の業績をのこした。その点で、今毛人の存在は再評価さるべきである。

幸いに今毛人の七二年の生涯に関しては、全般にわたって史料がよくのこっており、比較的詳しくその経歴や業績を知ることができる。このような例は、奈良朝の官人については珍しいことである。したがって律令的メカニズムにおける当時の官人を理解する上でも、今毛人の生涯は、その好例として重視されてよいとおもう。

まことに不充分な伝記ではあるが、もし本書が今毛人の再評価や奈良朝官人の理解に少しでも役立つならば、著者の喜悦はこれに過ぐるものはない。

なお、貴重な古文書の撮影・公開を許された京都市の随心院の住職池田龍潤師に篤く御礼の辞を申しあげる。

昭和三十八年五月

角田文衛

目次

口絵

挿図

一　斜陽の名族

安らかな終幕

桓武天皇の延暦九年（七九〇）の十月三日、散位の正三位佐伯宿禰今毛人が薨去した。時に、齢七十二歳。想えば、ながい生涯であった。

『続日本紀』によって右のことは知られるのであるが、実にこれは、めでたいことであった。かれ今毛人が舎人として出仕したのは、聖武天皇の天平十二年（七四〇）ごろであった。そして延暦八年、老齢のため官を辞して散位となるまで、彼の官界生活は、五十年におよんだ。この半世紀のあいだに、かれは聖武・孝謙・淳仁・称徳・光仁・桓武の六朝に仕えたのであったが、政変や陰謀の多かった当時の政界を無事にきりぬけ、人びとに惜まれながら世を去ったのである。奈良時代において権勢を誇った幾多の官人が失脚した事実を想うならば、まことにそれは、めでたいかぎりであったのである。

散位というのは、位階をもってはいるが、現に任掌する官職についていない官人のことである。『大宝令』の制度では、官位を授けられた者は、ただちに与えられた官位に相当する官職に任補される定めであった。しかし相当する職が空いていない場合、あるいは単に名誉として叙位された場合には、散位または散官とよばれた。また官人は、七十歳に達すると、致仕（依願辞職）することが許されていた。このように停年で隠退した官人も、散位といわれたが、今毛人は、この後の場合にあたっていたのである。彼は、延暦八年（七八九）の正月に辞職し、散位となって老を養っていた。そして翌年の冬に、生涯を終えたというわけである。

名門の佐伯宿禰

ところで、今毛人が属した家系は、佐伯宿禰である。上代には、佐伯氏といっても、さまざまな流れがあったが、今毛人の場合は、宿禰という姓を有する佐伯氏であった。いうまでもなく、姓とは、上代の貴族階級が身分をしめすために、氏の名につけた称号である。むろんそれは、朝廷によって認められ、授与されるものであり、勝手に称することはできなかった。天武天皇（六七三―六八六）の時分から多数ある姓の統一が行われたが、奈良時代においては、真人・朝臣・宿禰・連などは、上級および中級に属し、中央と関係の深い貴族が帯びた姓であった。

佐伯宿禰は、名門の大伴宿禰の支流であり、古来、大伴氏とならび称された武門であった。天平勝宝元年（七四九）の四月一日、聖武天皇は、光明皇后をともない、百官を従えて東大寺に行幸された。当時、東大寺は造営中で、大仏の鋳造もまだ完成していなかった。その際、天皇は、左大臣の橘宿禰諸兄をして、未完成の大仏に、歴史上有名な宣命、すなわち和文体の勅をつげしめられた。この宣命の冒頭において天皇は、

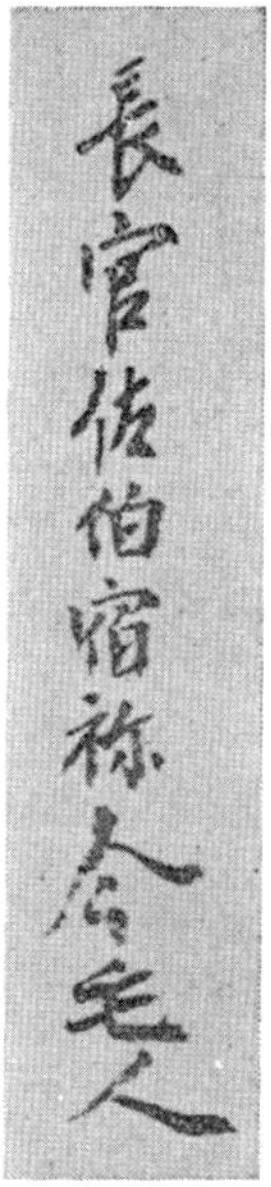

第1図　佐伯今毛人の署名（名のみ自署）（天平勝宝九歳）

大仏に対して「三宝の奴として仕えまつる」と明言されている（『続日本紀』に収録）。さらに天皇は、その中で、つぎのように宣られているのである。

また大伴・佐伯宿禰は、常も云ふ如く、天皇朝守り仕へまつること顧みなき人どもにあれば、汝たちの祖どもの云ひ来らく、海行かばみづく屍、山行かば草むす屍、王のへにこそ死なめ、のどには死なじ、と云ひ来る人どもとなも聞しめす。こゝをもて遠天皇の御世を始めて、いま朕が御世に当たりても、内の兵とおもほしめして、ことはなも遣はす。

傍点をつけた箇所は、脱字または誤字があるらしく、意味がよくわからない。ともかくここでは、天皇みずからが、大伴・佐伯両氏が祖先から代々、皇室の親兵として忠節をいたして来たこと、そして皇室の股肱としてあつく信頼していることを表白されているのである。

佐伯宿禰の地位

もっとも現実には、大伴・佐伯・紀・巨勢・石川・阿倍などの諸氏は、昔日の俤をうしない、斜陽の状態にあった。大伴・佐伯両氏なども、なるほど宣命では深い信頼を寄せられていても、それに応ずるだけの待遇をうけてはいなかった。奈良時代の後半において大伴氏を代表した大伴宿禰家持なども、この勢力の失墜に悩みつつ一生を終えた人であった。

それだけに家持は、この宣命によっていたく感動し、さっそく「海行かば」の有名な歌を詠じたのである（『万葉集』巻十八、四〇九四）。その中で彼は、

大伴と佐伯の氏は、人の祖の立つる言だて。人の子は、祖の名絶たず、大君に奉仕ふものと言ひ継げる、言の職ぞ。梓弓、手にとりもちて、劔大刀、腰にとり佩き、朝守り、夕の守りに大王の御門のまもり、我をおきて、また人はあらじと、いや立て、思ひしまさる。大皇の御言をきけば貴み。

と述べ、一族の人びとを励ましているのである。

佐伯宿禰の出自

『新撰姓氏録』というのは、氏姓の混乱をただすために編述された官撰の貴族

名録であって、全三十一巻からなり、弘仁六年（八一五）に完成したものである。この書物（左京神別中）をみると、大伴氏が天神の天押日命の後裔であることを述べたのち、つぎのようなことを記している。

雄略天皇の御世に、天靫負をもつて、大連の公に賜ふ。奏して曰さく、「門をまもり、開き闔つるの務、職重かさなれば、一身しは堪へ難し。望むらくは、愚児の語と相ともに左右を衛りまつらん」と。勅して、まゝにせしめき。これ、大伴・佐伯の二氏、左右のみかどを掌るの縁なり。

佐伯連と佐伯部

いまこの一文や他の断片的な史料によって佐伯宿禰の由来を考証することは、あまりにも煩雑なので、控えておきたい。要するに佐伯宿禰は、大伴談の子の歌が佐伯部の統轄という職掌をあらたに受けて大伴氏からわかれた家柄なのである。佐伯部の「佐伯（佐倍岐）」は、古くから説かれているような起原、すなわち蝦夷の「さけび」によるといった語源を有するものではなく、津田左右吉氏が指摘したように（『日本上代史研究』）、「塞る」の意味をもつものである。「部」または「部民」とは、大和時代において集団的に豪族に隷属していた民衆のことである。井上光貞氏が論証したように（『日本古代史の諸問題』）、佐伯部は、五―六世紀のころ、大和国家の特別な征討によって捕虜となった蝦夷であったようである。彼らは、佐伯部という名を帯びた隷民（半自由民）とされた上で、播磨・讃岐・阿波・安芸などにそれぞれ配置され、その地の国造（自治的小国家の王）の支配に委ねられたのである。佐伯部を領するため、これらの国造家は、佐伯直という姓を帯びるようになった。弘法大師などは、讃岐の佐伯直の出身なのである。そして中央政府にあって、これら諸国の佐伯直を統率する職掌をもっていたのは、すなわち佐伯連であった。そして佐伯連は、天武天皇の十三年（六八四）の四月、大伴連とともに、宿禰の姓を授けられ、佐伯宿禰となったのである。

諸国の佐伯部は、農民として定着した。しかし蝦夷のもつ勇猛さを買われて、彼らは交替で中央に上り、皇室の親衛兵となったようである。しかし間もなく彼らは普通の農民と化し、佐伯部という名はあっても、実体はないものとなった。七世紀の前半ともなれば、大伴連や佐伯連は、新しい型の親衛軍――舎人部（とねりべ）や門部（かどべ）のような――を統率し、その意味で中央において勢力を維持していたが、実体が消えうせた久米部（くめべ）・佐伯部（さえきべ）などとの関係は、伝承的・儀礼的に残存していたのである。

武門としての佐伯宿禰

佐伯宿禰は、かような名門として改新後の官界に乗り出したのである。『大宝令』の職制には、文官・武官の区別は、あったけれども、官人自身にはその区別はなかった。つまり官人は、文官職から武官職に転ずることも、またその逆も、自由であった。佐伯宿禰は、古来の伝統にしたがって、武官職に補されることが多かったけれども、またしばしば中央ないし地方官庁の文官にも任じられたのである。

このような関係から、兵部省(ひょうぶしょう)や衛府(えふ)の重要な地位には、大伴・佐伯両氏が優先的に任じられた。しかし律令的国家体制では、衛府のもつ政治的意義は、さほど大きくはなかった。佐伯氏が衛府の武官として重用されたことは、反面では政治の中枢部への進出がはばまれる結果をすらもたらしたといえよう。次ページに掲げたのは、今毛人の先輩である佐伯氏の人びとが、どの程度まで昇進したかを『続日本紀』について調べた結果である。文武天皇元年(六九七)から、今毛人が出仕したとおもわれる天平十二年(七四〇)までの四十三年間において、佐伯宿禰の一族で従四位上にまで昇進した者は一人もなく、従四位下に達した人は、わずか三人にすぎない。支流とはいえ、古来の名門にしては、あまりにもひどい不振である。のみならず彼らの達した最高の官職は、衛府の長官か国守であり、政治的に重要な地位には、たれひとり任用されていないのである。大麻呂は、従四位下勲四等でありながら従五位上に相当する尾張守にとどまっており、従四位下にあたる中宮大(ちゅうぐうのだい)

名	官位	官職	叙位・補任・卒去の年月
麻呂(まろ)	直広肆 従四位下	遣新羅大使 散官	文武四年五月任 養老七年三月卒
大麻呂(おおまろ)	従四位下	尾張守	和銅四年七月卒
垂麻呂(たるまろ)	従五位上	左兵衛率	和銅元年正月任
石湯(いわゆ)	正五位下	征越後蝦夷将軍	和銅二年三月任
百足(ももたり)	従四位下		霊亀二年正月叙
沙美麻呂(しゃみまろ)	正五位下	信濃守	神亀三年正月叙
人足(ひとたり)	外従五位下	右衛士督	天平三年六月任
伊益(これます)	外従五位下	三河守	天平四年九月任
豊人(とよひと)	正五位上	持節副使	天平九年正月任
浄麻呂(きよまろ)	従五位下 従四位下 正四位下	左衛士督 皇后大夫 左衛士督(再任)	天平十年四月任 天平十八年九月任 勝宝二年十月卒
常人(つねひと)	正四位下	衛門督	勝宝元年四月叙

夫(ぶ)とか春宮(とうぐう)大夫に任じられることはなかった。

佐伯宿禰の不振の理由

こうした不振は、佐伯宿禰に人材が出なかったことにもよるが、より基本的には、二つの理由が考えられよう。そのひとつは、大化改新を契機として、藤原朝臣がすばらしい勢いで進出し、政治の中枢部（太政官）を抑えたばかりでなく、臣籍に降下した皇別の諸氏もまた大きな勢力をしめたことである。他の理由は、親衛隊の必要が痛感されなかった律令国家にあっては、衛府のもつ比重は、前代よりもかえって軽くなったことである。のみならず藤原氏は、親衛隊にも触手をのばし、大伴・佐伯・紀など、古い貴族の勢力を骨ぬきにしようとかかったのである。

衛府の軽重

いうまでもなく、『大宝令』によって設置された親衛隊は、㈠左兵衛府・㈡右兵衛府・㈢左衛士府・㈣右衛士府・㈤衛門府の五衛府であった。五衛府の任務については、官人の職掌や定員などを役所別に規定

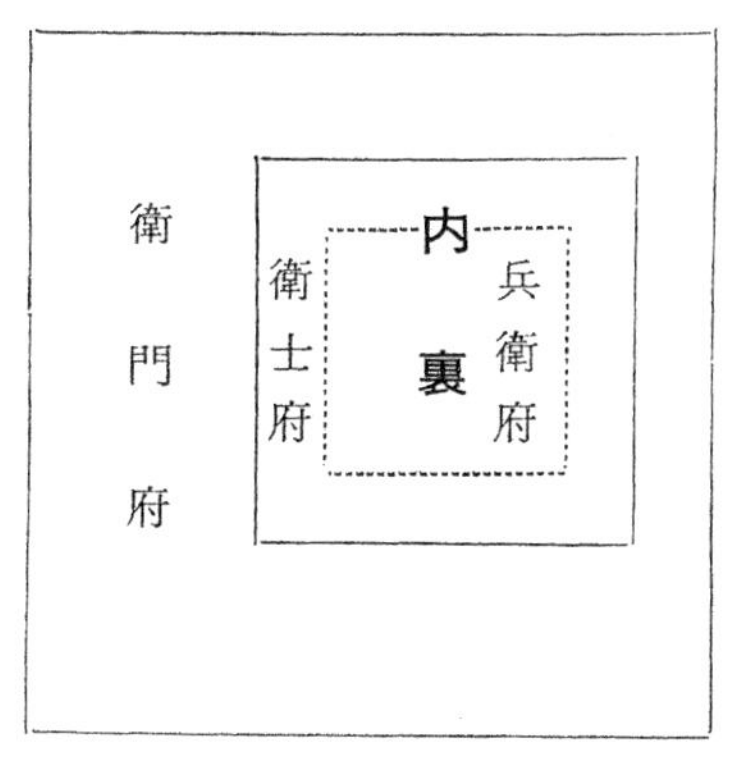

第２図　『大宝令』による五衛府の警備区域

した『大宝令』の「官員令」、『大宝令』を注釈した『令義解』や『令集解』などに明記されており、かなり明らかにわかっている。これら五つの衛府の警備区域は、前ページにかかげた略図のとおりである。もっとも重要なのは、下級貴族や地方豪族の子弟から選抜した兵士（兵衛）から編成された兵衛府であった。しかし兵力の上で主力をなしていたのは、地方の軍団から交代で都に派遣された兵士（衛士）であって、その人数は、五衛府の総兵力二四〇〇名の三分の二を占めていたのである。

すでに和銅四年（七一一）九月二日の詔（『続日本紀』所収）に、

> およそ衛士は、非常の設けにして、不虞の備へなり。必ず勇健にして兵となすに堪ふべきをもちふ。しかるに悉くみな尫弱にしてまた武芸を習はず。ただにその名ありて益をなす能はず。もし大事に臨まば、なんぞ機要に堪へん。伝にいはずや、人を教へずして戦はしむ、これこれを棄つると謂ふ、と。今

より以後、専ら長官に委ね、勇敢にして武に便ある人を簡び点め、年ごとに代へしめよ。（原漢文）

とあるように、衛士は劣弱であって、兵士というよりも、守衛や夜警くらいの役にしかたたなかった。兵衛にしても、衛士よりは多少程度がよいくらいのところであった。

中衛府の新設

これではあまりに頼りないので、早く慶雲四年（七〇七）に、天皇の側近に仕えて護衛と雑用を勤めていた内舎人の一部を授刀舎人とし、天皇の身辺を護衛させていたのである。これは、兵部省ではなく、中務省の所管に属してはいたけれども、事実上の軍隊であって、単なる舎人ではなかった。

授刀舎人は、授刀寮によって統轄されていた。神亀五年（七二八）になると、授刀寮は昇格して中衛府となり、五衛府の右翼におかれた。五衛府の長官が督または率とよばれたに対して、中衛府のそれは大将といい、位階も督や率などよりずっと高く、従四位上であった。政府は、新田部親王を大将軍に任じて中衛府と五衛府を統率せしめ、いわゆる皇親政治を強化しようと図ったが、政権をあずかっていた左大臣の長屋王が陰謀によって自殺を強いられたため（七二九）、この計画は挫折し、かえって中衛府は、藤原氏が勢力をのばすための足場とされるようになった。

大伴・佐伯両氏の人びとは、古来の伝統によって、兵衛として、また五衛府の高級ないし中級幹部として多数進出していた。養老五年（七二一）にその武勇をもってとくに表彰された正七位下佐伯宿禰式麻呂などはその一例であるが（『続日本紀』）、おそらく彼は、兵衛府の大尉くらいであったのであろう。大伴・佐伯両氏がその職域においてなんら制限をうけなかったにもかかわらず、全体として地盤低下の運命におちいったのは、藤原氏の進出、中衛府の新設、五衛府の無力化などによるところが多かった。すでに笹山晴生氏も指摘したように（『古代学』六の三）、大伴氏や佐伯氏の息のかかっていない中衛府こそは、勢力伸長の足場として、藤原氏にとってはまたとない拠点となったのである。

新旧勢力の葛藤

さらに広い立場からみれば、律令体制を強力におし進め、その波にのって牢乎(ろうこ)たる勢力を築き上げたのは、藤原氏であった。これに対して大化前代の大貴族の側に反対勢力が生ずるのは、当然であった。大化改新の後にまで続いていた蘇我(そが)・中臣(なかとみ)・巨勢(こせ)といった古い大貴族の勢力は、壬申(じんしん)の乱(六七二)によって一掃され、旧勢力を代表しえたのは、今となっては、大伴・佐伯両氏や紀氏などであった。彼らは、律令体制に対して批判的であり、皇族や王族と結んで藤原氏に対抗しようとした。竹内理三氏も述べているように(『律令制と貴族政権』第一部)、八世紀における政治的葛藤の多くは、天皇をまん中において対立する新旧両勢力の政争に由来しているが、大伴・佐伯氏の側は、いつも先手をとられ、じりじりと後退することを余儀なくされていたのである。

ここにその生涯について述べようとする佐伯宿禰今毛人は、このように斜陽の状態にある佐伯氏の一人として、この世に生をうけたのであった。

二　天平十二年

今毛人が生れた年

佐伯宿禰今毛人は、養老三年（七一九）に生まれ、平城京の左京を本籍地としていた。公卿の補任の年月日を書き綴った『公卿補任』は、彼の出生を養老四年としているけれども、のちに説くように、彼が天平勝宝元年（七四九）に三十一歳であったことについては、確実な史料があるし、また『続日本紀』も、さらに『公卿補任』すらも、彼が延暦九年（七九〇）に数え年で七十二歳をもって薨去したと記載しているのであるから、養老三年の出生に関しては、疑問がないのである。

今毛人の父親

彼の父は、人足といった（延暦九年十月紀・『補任』）。人足は、天平三年（七三一）正月、外従五位下に叙され、同年六月に右衛士督に任じられた人物である。佐伯宿禰の多くの人びとと同様に、人足も兵衛などから身を起こし、少志→大志→少尉→大尉→佐といった行路を累進し、ついに右衛士府の督（長官）にまで昇進したのであろう。

人足の官位

官人の位階を規定した大宝令の「官位令」によると、衛士督の相当官位は、正五位上である。人足が帯びていたのは、従五位下で、規定より三階も低いばかりでなく、それは外位であった。『大宝令』の定める位階制では、正位を内位（員内位（いんないのい）ということ）といい、これに準ずるものを外位（員外位（いんがいのい）の意味）と称したのである。正六位上は内位であるが、これに準ずる外位は、外正六位上である。ただし外位の方は、少初位下から正五位上までの二十階しかなかった。外位をもつ者も、勲功によって、随時、内位に叙された(これを入内といった)。

内位と外位

内外両位の区別は、はじめあまり明瞭ではなかった。そこで神亀五年（七二八）三月二十八日には、これを明白にするための勅が下された（『三代格』巻五）。これによれば、内位を授けられるのは、五位以上を帯びた官人で代々名望のある者と大学より推薦され、明経科（哲学科）または秀才科（文学科）の試験に合格して官人となった者に限られ、そのほかの者は、まず外位に叙し、その後功績があれば内位に入ることが定められたのである。神亀五年五月二十一日、外五位を授けられた人びとには、とくに勅をくだし、

いま外五位を授くる人らは、この階に滞るべからず。その供奉れるまゝに将に内位に叙せん。宜しく悉くこゝに努めて怠むことなかるべし。（原漢文）

と言われている（『続紀』）。したがって内位と外位は、必ずしも姓の貴卑によるものではなかった。たとい藤原朝臣の人であろうと、曽祖父・祖父・父が五位に達しなかった場合には、外位に叙されたのである。

要するに、佐伯宿禰人足が外従五位下であったということは、彼が佐伯宿禰の主流に属しておらず、彼の祖父も父も五位には達しなかったという事実を示しているのである。佐伯宿禰が卑姓であったという意味ではないのである。現に、彼の下で右衛士佐をつとめていた紀朝臣佐比物（天平元年二月十日紀）や後部王（天平五年十月十七日紀）は、

ともに外従五位下を帯びていたのである。

人足が外従五位下でありながら正五位上の相当官である衛士督に任じられたことは、人事の都合によるのであって、別に不思議ではない。天平三年（七三一）六月十三日、すなわち人足が右衛士督に任じられたのと同じ日に、外従五位下佐味朝臣足人（たりひと）は中衛（ちゅうえの）少将に任じられたが、これは正五位上の官であったのである。

佐伯宿禰人足は、平城京の左京に居をかまえていた。地方官として転出したことがないとはいえないが、おそらく彼は、衛府の武官として生涯の大部分を首都で送ったに相違ない。今毛人は、人足の嫡子（正腹の子）として養老三年に、おそらく平城京において生誕した。彼に幾人の兄弟・姉妹があったかは明らかでない。判明しているのは、彼には真守という兄がひとりいたことだけである。「真守」は、『続日本紀』（宝亀二年閏三月一日条）では、「麻毛流（まもる）」とされているが、佐伯氏の側では、彼を「麻毛利（まもり）」と呼んでいた（『平安遺文』一、二四二）。奈良時代の呼び方としては、「麻毛流」の方がよさそうである。この真守もなかなかの人物であって、後には従四位上大蔵卿にまで昇進している。今毛人は、この兄とはとくに仲がよかったようである。

今毛人や真守がいつ父を喪ったかは、不明である。『続日本紀』では、天平三年に右衛士督に補された後、人足は全く消息を絶っている。人足の後に右衛士督に任じられたのは、吉備朝臣真備であった。彼は天平七年に唐より帰朝し、正六位下に叙され、大学助を命じられた（『補任』）。そして翌八年正月二十一日には、外従五位下に、さらに九年二月十四日には、従五位下に昇叙された（『続紀』）。間もなく彼は、中宮亮に転じ、九年十二月には従五位上を授けられた（『続紀』）。そして天平十年七月には、彼は右衛士督の任にあった（『続紀』）。この補任は、天平十年の正月か四月に行われたものと推測される。これから推してみると、人足は天平九年まで右衛士督であったか、あるいは天平九年の疫病によって卒去したかのいずれかであったであろう。今毛人が人足の三十歳の時の子と仮定すれば、そして人足が天平九年の疫病でなくなったものとすれば、人足は四十八歳で卒したこととなる。ともかく今毛人は、二十歳を前にして父の死に遭ったようにおもわれるのである。

今毛人の初めの名

ところで今毛人の名であるが、これは後の改名にかかるものである。彼は、初めの名を若子（わくご）といったのである。すなわち天平十九年ごろの「写経注文（しゃきょうちゅうもん）」（『大日本古文書』（以下『古文書』と略称）二ノ七三一、同九ノ一九三）には、

荒紙五十張佐伯若子私令写料　継紙小二巻佐伯若子私経写料

天平十九年二月廿三日　受少初位上　志斐万呂

宛佐伯若子

と見えている。これは、佐伯若子なる人物が写経所に命じて自分の経典を写させた時の紙料を記した文書である。佐伯若子は、写経所に自分のものを写すことを命令しうるほどの地位にあったわけである。同じころの「写経注文」（『古文書』九ノ一九八）には、「……佐伯若子の宣（せん）、件（くだん）の如し」と記されており、この佐伯若子が写経所に

命令を下しうる立場にあったことが、ますます明瞭となるのである。さいわい天平十九年の『一切経散並奉請帳』（『古文書』廿四ノ四〇八・四〇九）には、つぎのようにあり、この若子が大養徳国の少掾（国司の幹部で、守・介・大掾につぐ地方官）であったことが判明するのである。

陁羅尼集一部　十二巻　在帙

右、依二大養徳国小掾佐伯若子宣一、奉レ請二内裏一

天平十九年正月廿八日　「（別筆）三月廿一日、納二南堂一」

ところが、天平十九年十一月十四日付の「勅旨写一切経所牒」（『古文書』九ノ五一五）には、

大倭少掾従七位上佐伯宿禰　今毛人

のように、今毛人みずからの署名がみられるのである。つまり彼は、初め「若子」という名であったが、天平十九年の夏か秋に、「今毛人」と改名したのであった。

「今毛人」の訓み方

彼がなにゆえに改名したかは、もとより不明である。想うに、「若子」という

名は、子供らしく、またにやけており、彼の気にいらなかったのではなかろうか。「毛人」は、この時代には、最もありふれた名のひとつであった。彼が「今毛人」と改名したところには、彼の先輩であり、かつ血縁的にも近かったらしい佐伯宿禰毛人（天平十九年には、従五位下で伊勢守）にあやかろうとする意図があったのかもしれない。

今毛人は、「いまけびと」ではなく、「いまえみし」と訓(よ)むのである。これは、後にかかげる天平勝宝元年の「造東大寺司解(ぞうとうだいじしのげ)」に、彼のことを「今蝦夷」と記していることからしても、明白である。「今」は「新」ということで、現代の人名にみられる新太郎や新吉の「新」と同じ意味である。喜田貞吉氏がはやく指摘しているように（『歴史地理』三ノ六、二四ノ二・四）、「毛人」とか「東人(あずまびと)」といった名は、蝦夷(えぞ)の武勇にあやかるためのもので、例の蘇我蝦夷などはその最も古い例である。今日でいえば、「武夫」などにあたるものであろう。

武智麻呂政権の解体

若子とよばれたころの今毛人については、知られるところが、きわめて少ない。天平九年紀に、「この年の春、疫瘡大いに発る。初めて筑紫より来たれり。夏をへ、秋にわたつて、公卿以下天下の百姓、相ついで没死すること、勝げて計ふべからず。近代よりこのかた未だあらざるなり」（原漢文）と記されているように、天平九年における天然痘の流行は、猖獗をきわめたものであった。今毛人は、これによって父を喪ったのかもしれないが、幸いに彼や兄の真守はこの伝染病から死を免れることができた。この疫病によって右大臣藤原朝臣武智麻呂・参議藤原朝臣宇合・参議藤原朝臣房前・参議藤原朝臣麻呂の四兄弟が枕をならべて薨去し、藤原氏の勢力は、急速に後退した。

橘諸兄政権の成立

武智麻呂政権の解体は、大伴・佐伯・紀・橘などの諸氏にとっては、進出のための好機となった。第一に、聖武天皇の親政がはじめて可能となったし、第二に、新たに樹立された橘宿禰諸兄の政権は、反藤原的な旧勢力や、僧綱を中心とする僧侶階級と気脈を通じていたからである。政界におけるこのような変動は、若い今毛人と決して無関係ではなかったのである。武智麻呂政権が続いていたと仮定すれば、聖武天皇が今毛人を見出し、重用することもなかったであろう。そして今毛人は、従五位下伊勢守か右衛士督くらいをもって一生を終えたに相違ないのである。

天平十一年（七三九）の八月十六日、太政官は、蔭子孫ならびに位子らは、齢の高下に関係なく、みな大学に入学してひたすら学問するように命令を下した（『続紀』）。これは、聖武天皇の顧問の役をはたしていた吉備朝臣真備の献策によるものと想定される。蔭子とは、五位以上の官人の子、蔭孫とは、三位以上の官人の孫のことであるが、『大宝令』の「選叙令」は、彼らが成人に達すれば、祖父や父の蔭（遺功）によって、所定の位階に叙すべきことを規定している。六位以下少初位下以上の父をもつ子は、すなわち位子である。位子には叙位の規定はないけれども、なおいくつかの特典があたえられていた。

大化改新によって編成された律令制の国家は、天皇を中核とする中央集権的官僚貴族国家であった。儒教的な徳治主義と法家思想を根底としていた律令体制においては、貴族は支配階級であるとともに、教化階級でもなければならなかった。したがって天平十一年における太政官の命令は、蔭子・蔭孫・位子などは、祖父や父の遺徳によってのみ出身すべきものではなく、教学を身に体したうえで官人となることを強調したものである。

今毛人の出身

今毛人がどのような青年時代を過したかは、もとより不明である。しかしおそらく彼は、外従五位下の官人を父にもつ蔭子として、「学令(がくりょう)」の規定する通り、十三―四歳で大学に学び、数年間、学業にいそしんだことであろう。そして天平十一年、二十一歳となった時、官人となるために、大学から式部省に挙送(きょそう)(選抜して推薦)されたものと推測される。

こうして今毛人が式部省の詮衡をへて舎人に採用され、春宮坊の舎人監に配されたのは、天平十二年のおそらく夏四月であったとおもわれる。

のちに触れるように、天平十六年までの今毛人は、「未選の舎人」、すなわち勤務成績による昇叙がまだ行われていない舎人であったが、正八位――おそらく正八位下――を帯びていた。「選叙令」には、「およそ両つながら出身すべき者は、高叙に従へ」と記されている。これは、ある人が例えば秀才によって授けられる位階と、蔭によって叙される位階とが同一でない場合には、高い方の位階に叙せよ、ということである。今毛人は、外従五位下の父の嫡子として、出身と同時に従八位下に叙さるべきであった。しかるに正八位下を授けられたのは、上中第(上の中の成績)で秀才科の登庸試(国家試験)に合格したためと考えられるのである。

春宮坊は、皇太子の内政をつかさどる役所である。舎人監は、「とねりのつかさ」とも訓まれ、皇太子の側近の用事や雑用を勤める舎人六〇〇人を統轄する役所である（「東宮職員令」）。今毛人の官途は、実にこの舎人監の舎人として始まったのである。当時の皇太子は、天平十年正月に、二十一歳で立てられた阿倍内親王（後の孝謙天皇）であった。しかし、いかに隔日出勤とはいえ、六〇〇名の舎人を使うほどの雑用はなかったから、舎人たちは、必要と向きに応じてさまざまな職場に分遣もしくは出向させられていたのである。

天平文化の開花

今毛人が任官した天平十二年の夏は、奈良時代を通じて、もっとも恵まれた時期のひとつであった。都が平城の地に遷ってからすでに三十年が経っていた。整然たるプランをもって設計された平城京の造営も、ほぼ完了し、まさに「咲く花の匂ふがごとく今さかりなり」という情況であった。悪夢のように過した天平九年もすでに過去のものとなっていたし、暴風一過の後には、聖武天皇の親政が出現していた。穏厚な橘諸兄の政権下に政治的緊張はゆるみ、仏教を通じての文化政策がまさに強力におし進められようとしていた。

佐伯宿禰今毛人は、「み民われ」のような感激をもって官途についたことであろう。たしかに天平十二年の夏は、天平文化のひとつの頂点をなすものであった。若い今毛人が、未来への希望に胸をふくらませながら出身したことは、想像に難くないのである。

大仏造顕の発願

このころ、聖武天皇の意中には、全国の国分寺を改組・発展させて金光明寺・法華寺を造営しようという壮大なプランが熟していたし、また中央の金光明寺に盧舎那仏の巨像を安置しようとする構想も生まれていたのである。

天平十二年二月に、天皇は難波宮に行幸した。おそらくこの時に天皇は、河内国の知識寺に、盧舎那仏という、これまでみたことのない仏像が安置されているのを聞知されたらしく、わざわざ駕をまげてこの寺に赴かれ、親しく盧舎那仏を拝されたのである。『続日本紀』(勝宝元年十二月二十五日条)は、その際に天皇は盧舎那仏の造像を発願されたと伝えているが、これは天皇が盧舎那仏についての説明をききながら、ある霊感をえられたことを語っている。その霊感とは、すなわち各国に釈迦像を本尊とする金光明寺を造営し、中央の金光明寺には、本尊として盧舎那仏の巨仏を安置しようという着想なのである。これについては明確な史料は存していないが、結果からみて、右の想定は間違っていないとおもう。

河内の知識寺

知識寺は、のちに、太平寺（たいへいじ）とよばれた寺院であって、河内国大県（おおかた）郡鳥坂（とりさか）郷に存していた。その遺跡は、大阪府柏原（かしわら）市太平寺二丁目に現存している。この寺も、聖徳太子建立（こんりゅう）寺院のひとつと伝えられているけれども（『聖徳太子伝私記』）、むろんこれは附（ふ）会（かい）の説であって、知識寺は、その名が示すように、大県郡における、仏道に帰依した多数の庶民の協力によって創建されたものである。そしてたまたま『華厳経』を重んずる僧侶の勧めがあって、盧舎那仏を本尊としたのであろう。聖武天皇を感動させたのは、ひとりの檀越（だんおつ）（檀家）ではなく、多数の善男善女の協力によって、仏寺が建立されたことと、盧舎那仏のもつ広大無辺な意義とであったとおもわれる。これによって天皇は、わざわざ知識寺に参詣しようとおもい立たれたのであろう。

『華厳経』の教主

わが国における華厳教学は、天平八年に遣唐使とともに入朝した唐僧の道璿によって伝えられたというのは、凝然（一二四〇—一三二一）いらいの定説であるけれども（『三国仏法伝通縁起』）、『華厳経』や『梵網経』といった経典は、早くから伝来していたのである。例えば、養老六年十一月には、『華厳経』八十巻を書写せしめる旨の詔が下されている（『続紀』）。これは、新訳、すなわち唐の実叉難陀が訳した方の『華厳経』であるが、東晋の仏陀跋陀羅が翻訳した六十巻本の旧訳も、つとに伝来していたに違いない。また『華厳経』の結経である『梵網経』が天平五年以前に伝えられていたことも、疑いがない（『古文書』七ノ一九）。おそらく天平以前に、新羅からの帰化僧によって、新羅系の華厳教学がわが国に伝えられたのであろうが、知識寺は、新羅からの帰化僧と、なんらかの関係があったこととおもう。

金光明寺設置の発願

このようにして、聖武天皇は、天平十二年二月には、中央の金光明寺に盧舎那仏の巨像を造顕(ぞうけん)しようと発願された。一方、各国に金光明寺・法華寺を造営しようという天皇の構想は、もはや実現の段階にあった。すなわち天平十二年六月甲戌(おそらくこれは八月甲戌の誤り)(十九日)には、「天下の諸国をして、国ごとに法華経十部を写し、ならびに七重塔を建てしむ」る旨の勅が下された(『続紀』)。

政情の暗転

このようにして聖武天皇の理想は、実現にむかって一歩をふみだしたのであった。ところがこの勅が下された直後の八月二十九日には、九州の一角において、図らずも広嗣(ひろつぐ)の乱が勃発したのであった。まさに開花しようとしていた天平文化の舞台は、この内乱によってまた暗転したのである。天平十二年八月末から十七年九月までの五ヵ年にわたる政界は、まことに不安にみちたものであった。天平十二年十月、内乱のさなかに突然なされた東国への行幸、同年十二月における恭(く)仁(に)京(京都府相楽(そうらく)郡加茂町例幣(れいへい))への遷都、十四年八月に始まる近江の紫香楽宮(しがらきのみや)(滋賀県甲賀郡信楽(しがらき）町黄瀬（きのせ））の造営、十六年二月の難波宮（大阪市東区法円坂町）への遷都、十七年九月にいたっての平城京への復都などにみられるように、政情の変転は、応接にいとまがないほどであった。内舎人（うどねり）であった大伴宿禰家持（やかもち）の歌にも表われているごとく（『万葉集』巻六）、下級の官人たちは、落ちつかない気持で新都に居住し、かえりみては平城京の荒廃を歎いていたのである。

仏教政策の推進

このように騒然とした政情にもかかわらず、あるいはこの多難な政局を打開するために、聖武天皇の仏教政策は、光明皇后・左大臣橘宿禰諸兄、民間に多数の信者を獲得していた僧の行基（ぎょうき）、金鍾寺（こんしゅじ）の上座法師（じょうざほっし）の良辨（ろうべん）などの輔翼のもとに、強力におし進められていった。天平十三年二月には、内乱のため不徹底に終った前年六月の詔勅を修正し、金光明寺・法華寺を各国に造営するための勅が下されたし、翌年には、平城東郊の金鍾寺が大倭（やまとの）金光明寺に指定された。さらに十五年十月十五日、天皇は紫香楽宮において、この地に宿願の盧舎那仏の金銅（こんどう）製の巨像一

盧舎那仏造顕の詔書

軀を奉造する旨の有名な詔書を下された。

この詔書（『続紀』所収）において注意されるのは、天皇が、「それ天下の富を有つ者は朕なり。天下の勢を有つ者も朕なり。この富勢をもってこの尊像を造ること、事や成り易くして心や至り難し」と告白され、「もしさらに人情に、一枝の草、一把の土を持って像を造らんことを助けんと願ふ者あらば、恣にこれを聴せ。国郡などの司、この事に因りて百姓を侵し擾して強ひて収斂せしむること（圧縮して萎縮すこと）なかれ。遐邇（遠近）に布き告げて朕が意を知らしめよ」（原漢文）として、一般人民の自発的な協力をもとめられていることである。

一部の学者は、この期におよんで民衆の協力をもとめたのは、天皇や政府首脳者が、これまで人民と遊離していた政権の脆さを補強するためであったと臆測している。このような見解は、現代の国家観念をもって古典帝国の帝王の意中を忖度した結果である。この立場からすると、行基なども、その高徳ではなく、人民に対してもっていた政治的な勢力のゆえに高く評価されるし、さらにはスパルタクスの叛乱なども、不当に過大視されてくるのである。

仏教的理想主義

聖武天皇の詔書などは、もっと素直に理解されてよい。人民への呼びかけなども、天皇の仏教的な理想主義から出たものと解すべきであろう。むろん「百姓」とはいっても、天皇は諸国の地方貴族の協賛に期待される面も、かなり多かったとおもう。天平十五年五月二十七日に出された墾田地永代私有令(『続紀』)と盧舎那仏造顕とを直接に結びつけることはできまいが、位階によって墾田を永久に私有しうる面積を規定し、許容したこの勅令が、地方貴族の盧舎那仏造顕への賛助を側面から刺激したことは、疑いをいれない。彼らはこの賛助の程度によって、それぞれ位階を進められ、それにより私有しうる墾田の面積も拡大されたのであった。こうした便宜的措置はとられてはいたけれども、天皇・皇后・橘諸兄などの意図は、人民との結びつきを強化しようとしたり、人民に協力をもとめて国家の負担を軽くしようとしたりすることにはなかった。むしろ天皇は、「像法の中興、実に今日あり」（天平十五年正月十三日紀）と考え、あらゆる人びとと結縁をともにして、仏教的な楽土をこの日本に築こうとする——今日からみれば多分に観念的な——理想主義に燃えておられたのである。

大仏造顕と行基

盧舎那仏造顕についての天皇や皇后の願望は、実に熱烈なものがあった。右の詔書が下されたのは十月十五日であったが、十九日には早くも天皇は、大仏鋳造のための準備に着手された（『続紀』）。これに応じて行基なども、信者たちを大幅に動員し、協力体制をとることを開始した。一部の学者はまた行基のこの協力は、民衆への裏切行為であるかどうかを問題にしている。現代の左翼政党の書記長に対するような眼で行基の行為を理解しようなどとするのは、やはり一種の感情移入説に煩わされている結果というほかはないであろう。

今毛人に課された任務

『続日本紀』（延暦九年十月三日条）は、佐伯宿禰今毛人について、つぎのように語っている。

天平十五年、聖武皇帝、願ひを発して始めて東大寺を建てんとし、百姓を徴し発たして、まさに労作を事とす。今毛人、ために催撿を領し、頗る方便をもつて役民を勧め使ふ。聖武皇帝、その幹勇を録して殊にこれを任使せり。

(原漢文)

「催撿」とは、役民をとりしまり、労務にはげます仕事のことであり、「領す」とは、責任者としてある任務を担当することをいうのである。当時の租税は、租・庸・調をもって本体となしていた。そのうち庸は、国家に提供する肉体労働であって、「賦役令」は、年間の庸を正丁十日、次丁五日と規定している。癈疾者をのぞいた二十一歳から六十歳までの男子は正丁であり、六十五歳以下の男子は次丁である。彼らは、国家に労力を要する仕事がある時は、徴集されて、所定の日数だけ労役に服した。もしこの種の事業がない場合には、徭役の代りの麻布を国家に納めた。これを庸布といい、正丁は二丈六尺、次丁は一丈三尺であった。

しかし所定の徭役を徴してもなお労力が不足する時、国家はさらに三十日間、彼らを働かすことができた。これを留役といったが、その際は、当年の調は免除されるのである。

今毛人の功績

紫香楽宮に大仏の巨像を造顕するためには、この種の役民が諸国から多数徴発された。また行基をはじめとする僧侶たちによって、勧進された善男・善女たちや得度を願う人びと（優婆塞・優婆夷）も、続々と来集したのである。今毛人は、これら多数の人びとに仕事を割りあて、労役を監督し、彼らを励まして働かす任務を帯びていたと推量される。「方便」とは、仏教の用語であって、適切に人をみちびく方法をいう。「頗る方便をもって役民を勧め使ふ」と記されているから、今毛人は、徭役の人

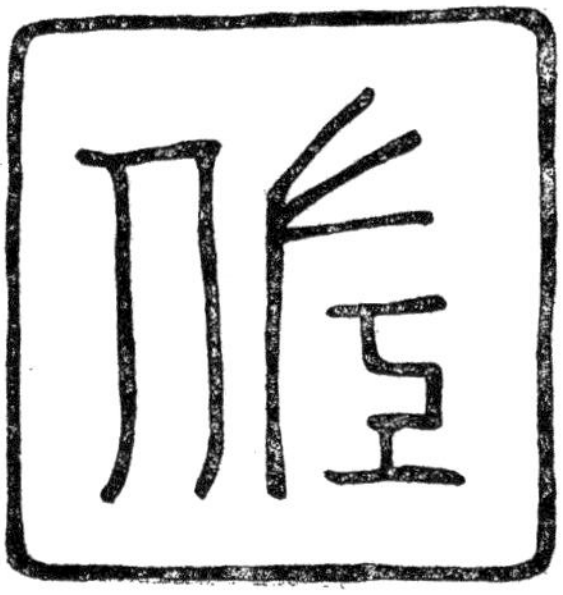

第3図　佐伯今毛人・同真守の印（宝亀七年文書に使用）（縦 3.4cm　横 3.3cm）

びとに対しては、たくみに手段を講じて彼らを上手に使役したわけである。

もっとも役民といっても、彼らは単なる烏合の衆ではなく、出身の郷(ごう)や郡を単位にした集団をなし、郡家(ぐうけ)(郡役所)の官人によって統率されていたのである。『続日本紀』(天平十五年十月十六日条)は、この時に東海道・東山道・北陸道にわたって二十五ヵ国の役民が動員されたことを伝えているけれども、現実にもっとも重い負担がかけられたのは、地元たる近江国の人民であった。それだけに、役民を徴発し、統率する近江国の諸郡の役人の苦労は、なみなみではなかった。そのため、積極的に奉仕した蒲生(がもう)郡の大領(たいりょう)の正八位上佐佐貴山君親人(ささきやまのきみちかひと)は従六位下、神前(かんざき)郡の大領正八位下佐佐貴山足人(あしひと)は正六位上に叙され、かつ食封(じきふ)・銭・絁(あしぎぬ)・真綿などを下賜されているのである(天平十六年八月五日紀)。したがって今毛人が労務を担当したというのも、彼が現場監督として馳けめぐったことを意味するのではない。彼は、郡の役人、とくに郡長の大領(たいりょう)や郡の次長の少領(しょうりょう)に大仏建立の意義をよく説明するとともに、柔軟な態度で彼らと折衝し、役民の供出を円滑にし、うまく働かせたのである。こうした才幹は、おのずから聖武天皇の注意をひくにいたった。上記の文面に見える「幹勇（かんゆう）」とは、勇（するど）い才幹の意味であるが、これが聖武天皇に認められることによって、今毛人の出世の道は開かれたのであった。

紫香楽宮の遺址

紫香楽宮の造営や遺址については、肥後和男氏のすぐれた労作（『紫香楽宮阯の研究』）が公けにされている。しかし史料が非常に不足しているので、紫香楽宮の造営や大仏の鋳像に関しては、不明な点がすくなくないのである。たとえば、紫香楽宮と大仏がおかれる予定であった甲可寺（こうがでら）とは、同一のものであるか、別個のものであるか、といった問題である。現在、滋賀県甲賀郡信楽町大字黄瀬（きのせ）の内裏野（だいりの）に存する廃寺址は、後に建てられた甲賀宮国分寺（こうがのみやのこくぶんじ）の遺址と認められる。けれども、その場所に紫香楽宮または甲可寺が営まれたものかどうかは、断定のかぎりでないのである。

造甲可宮司の構成

もうひとつよく分からないのは、紫香楽宮の造営にあずかった機構をめぐる問題である。天平十三年九月四日、恭仁京の造営を促進するために、二人の造宮卿をおくという異例な人事が発令された。任命されたのは、正四位上巨勢朝臣奈氏麻呂と正四位下の智努王の二人であって、後者はひきつづいて木工頭を兼ねていた（『続紀』）。天平十四年八月十一日には、紫香楽宮（『正倉院文書』には、この文字が見えず、必ず「甲可宮」または「甲賀宮」と書かれている）を造るために造離宮司が設けられ、造宮卿智努王と造宮輔の外従五位下高岡連河内など四人がこれに補された。

この官司は、「造甲賀宮司」と呼ばれたに相違なく、長官は智努王、次官は高岡連河内であった。この下に、判官と主典が各一名おかれたことも、当然推知される。造甲賀宮司は、その下に写経所・造仏所など若干の「所」を設け、計画を実行に移して行ったのである。造仏所の長官は、後に金光明寺造仏所の長官となった国君麻呂（のちの国中連公麻呂）であったに相違ない。造仏所には、事務官として史生がおかれ、その下に仏師・銅工・金薄工・木工のような工匠、雑用のための舎人、雑役のための優婆夷が配されていたのである。

造甲賀宮司は、諸国から徴集された役民や労力奉仕の知識たちを調整したり、各官司から派遣される工匠や衛士、または仕丁を調節したり、あるいは経理事務を行なったりして、造営事業の円滑をはかったのである。これは、『正倉院文書』から明らかに察知されるところである。

今毛人の地位

それならば、今毛人は、どこに所属して前記のような成績をあげたのであろうか。上記のように彼は、天平十五年ころ、舎人監の舎人で、正八位下であった。おそらく彼は、紫香楽宮への出向を命じられ、造甲賀宮司の主典の地位にあったものと推測される。天平十七年十月二十一日の「造甲可寺所解」（『古文書』二ノ四七六）には、この所の長官であったと認められる正六位下行舎人正の内蔵伊美吉黒人の名がみえる。舎人正は、舎人監の長官である。舎人正は、従六位下に相当する官である。ところが黒人は正六位下であるため、官名の上に行の字が冠されているのである。天平勝宝元年十二月に、黒人と今毛人が同時に従五位下を授けられているところなどから考えあわせると、どうも黒人は、造甲賀宮司の判官であったようにおもわれてくる。造甲賀宮司が廃されて造甲賀寺所となった時、黒人はその長官として現地にしばらく残留していた模様である。

長官　正四位下智奴王（木工頭）
次官　外従五位下高丘連河内（木工輔）
判官　*正六位下内蔵伊美吉黒人（舎人正）
主典　*正八位下佐伯宿禰若子（舎人）　　（*は推定）

天平十四年八月に発令された造甲賀宮司の幹部は、右のように復原される。工事の関係から木工寮の頭や輔が長官・次官にすえられたことは、うなずかれる。

想うに、この造営事業には、春宮坊の舎人や仕丁（力役をつとめるため一郷から二人の割で中央政府に差出された人びとで、費用は郷が負担した）が大幅に動員されたのであろう。そして舎人正の内蔵伊美吉黒人は、判官としてみずから多数の舎人を率いて現地に赴いたものとおもう。早くから頭角をあらわしていた今毛人は、とくに抜擢されて主典となり、労務関係の仕事を担当するにいたったのであろう。今毛人の同僚であった舎人監の舎人田辺史広江も現地に分遣されていたと考えられる。しかも、彼はひきつづいて現地に残留したのであった（『古文書』二ノ五七七）。

橘諸兄の立場

ところで聖武天皇の紫香楽宮滞在は、天平十五年七月二十六日から四ヵ月におよんだ。この間に、天皇は天平十二年いらいの念願であった盧舎那仏の造顕の準備を進め、ついに着工されたのである。左大臣橘宿禰諸兄は、この期間は恭仁京にあって政務をみていたけれども、むろん彼はこの計画にあずかり、協力していたのである。大仏の造像のために必要な物資の調達、人員の配置、徭民の徴集、経費の捻出などは、政府機関が存した恭仁京において、諸兄の宰配のもとに行われたのである。諸兄が恭仁京にとどまっていたのは、そこが基地として重要な機能をはたしていたからであって、彼がこの計画に関与していなかったのではないのである。

僧正玄昉の立場

聾桟敷(つんぼさじき)におかれていたらしいのは、僧正の玄昉(げんぼう)であった。天皇・皇后・諸兄などが行基への帰依をあつうし、また彼の協力によって盧舎那仏の造顕を準備し、着手するにつれて、玄昉はしだいに疎(うと)んじられるようになったらしい。また玄昉の方にも、政治的・教学的な立場からこの造仏事業には関与しにくいものがあったのであろう。また内心でこの造顕に失望したのは、ひたすらに金鍾(こんしゅ)寺の発展を企図していた良辨であったとおもう。聡明で世なれた良辨は、紫香楽宮における造仏事業には、表面的には協定したであろうし、またこれを機会に行基との接近を図ったに相違ないのである。

造仏事業の進展

天皇は、十一月二日になって、ようやく恭仁宮に帰還されたが、その後、工事は官民の協力によって、着々と進められた。造甲賀宮司にあっては、佐伯宿禰今毛人の働きがめざましかったし、役民に関しては、蒲生郡や神前郡の郡司の積極的奉仕は、注意をひいた。行基法師は、彼に帰依した男女の信者(優婆塞と優婆夷)を労役に奉仕させ、また彼らを通じて庶民に働きかけて協力させた。天平十七年正月二十一日に、行基が一挙に大僧正(僧綱の長官)に任じられ(『続紀』)、全国の仏教行政の最高責任者とされたのは、庶民のあいだに滲透した彼の勢力と、紫香楽宮の造仏についての彼の教団の協力に負うているとはいうものの、それよりもむしろかような協力を可能ならしめた僧侶としての彼の偉大な徳が高く評価された結果と理解したい。

造像の事業は、かようにして順調に進み、翌十六年十一月十三日には、盧舎那仏像の骨柱、つまり体骨の中心になる太くて長い木柱も建てられるようになった。

この時、天皇みずからも骨柱を起し建てるための縄をひかれ、儀式は奏楽のうちに、おごそかに挙行された（『続紀』）。翌十七年の元旦には、紫香楽宮の宮門には大楯と槍がたてられ（『続紀』）、ここが離宮ではなく帝都であることが表明された。この事態に呼応して、宮殿の造営と大仏鋳造の事業も、大いに促進されたことであろう。同年四月二十五日には、仏師の国君麻呂は、正八位下から一躍して外従五位下に叙されている（『続紀』）。

造仏事業の中止

ところが翌五月には、またもや遷都の議がもち上り、五月五日、天皇は、参議従四位下紀朝臣麻路（まろ）を留守として甲賀宮を出発、恭仁京をへて、十一日には、平城京に到着された。「この時、甲賀宮空（むな）しくして人なく、盗賊充斥（じゅうせき）す」と『続日本紀』は伝えている。「充斥」とは、群（むれ）をなして機会をうかがうことである。ところが八月二十八日になると、天皇はまたもや難波宮に行幸され、ここを帝都とされたが、早くも九月二十六日には平城京にもどられ、遷都騒ぎは、五年ぶりでおさまったのである。

情勢のこうした激変は、当然、甲賀寺の大仏鋳像の事業に、甚大な打撃をもたらした。文献には明記されていないが、大仏の造像は、直ちに中止されたとおもわれる。甲賀寺建立の計画は、小規模な甲賀宮国分寺のそれに縮小・変更され、また造甲賀宮司も廃止され、残務整理と甲賀宮国分寺の造営のために、小規模な造甲賀寺所がおかれたのである。そしてこれを預るために、舎人正内蔵伊美吉黒人や舎人の田辺史広江が現地に残留したことは、すでに述べたとおりである。

佐伯宿禰今毛人は、残留組に加わらず、平城京に向ったが、そこでは新しい運命が彼を待ちうけていたのである。

三　金鍾山寺

奈良時代における最も大きな事件のひとつは、東大寺ならびに国分二寺の造営であった。けれどもそれは、奈良時代の日本だけにかぎられた特殊な出来事ではなかった。

七世紀の中ごろに行われた大化改新の歴史的意義については、あらためてここに説くまでもないが、そのころから整備されたいわゆる「律令国家」は、これを世界史的にながめるならば、古典帝国とよばれるものであった。古典帝国は、古典時代において始めて形成された国家形態であるばかりでなく、それはきわめて古典古代的な性格を帯びていた。古典ローマ帝国（前二七年より六一〇年までのローマ帝国）や中国の唐帝国（六一八年より九〇七年まで）などは、その代表的な例とされよう。

古典帝国の性格

古典帝国の一般的な性格は、㈠国家機構が体系的な成文法によって組織されていること、㈡皇帝を中核とする官僚貴族が支配階級をなしているが、支配階級はある程度開放的であって、世襲的・カスト的に凝結していないこと、㈢中央集権的な郡県制が施かれていること、㈣皇帝教皇主義の傾向が強く、国家の支配は宗教生活にまでもおよんでいることである。国毎に国分寺をおき、これを中央機関たる僧綱、すなわち治部省玄蕃寮の外局たる仏教局（長官は僧正）の統率下におくといったことは、皇帝教皇主義の端的な表われであるといえるのである。

パンテオン

中国では、隋朝から唐朝にかけて、大雲経寺または龍興寺のような州官寺が州ごとに設置された。ローマ帝国の州分寺 templum provinciale また有名である。その性格に関して、東大寺に擬せられるものをローマ帝国に求めるならば、いうまでもなくそれは、ローマのパンテオン Pantheon である。パンテオンは、前二七―一二五年に、アウグストゥス帝の盟友マルクス＝アグリッパによって建立されたが、二度にわたって火災にあった。現存する壮麗無比なパンテオンの建物は、二世紀の前半に、創建当時の様式にならってハドリアーヌス帝が営んだものである。「パンテオン」とは、「万神を祀った寺院」の意味であるが、これを仏教的に翻訳すれば、「盧舎那仏の寺」にほかならぬのである。

国府の仏舎

律令国家は、全土を国郡に分け、国司には中央から官人をつかわして中央集権的な統治を行なった。この支配をいっそう完全なものとするためには、新しいイデオロギーにもとづいて、精神的にも人民を支配する機構をつくりあげねばならなかった。こうして天武天皇の十三年（六八五）には、各国の国府に仏舎を設置することが命じられ（『書紀』）、大宝二年（六九八）には、国府の仏舎（国府寺）にあって仏事をとりおこない、かねて管内の寺院を監督する国師がおかれた（『続紀』）。

国分寺と金光明寺

この種の仏舎は、国を分けておかれたため、あるいはその国の分として設けられたため、早くから国分寺（こくぶでら）と通称されていたらしい。聖武天皇は、これらの国分寺をあらためて金光明寺と呼び、大いに拡充・発展しようと企図されたのである。国分寺は、早くあったのである。聖武天皇は、金光明寺・法華寺という名のもとに、その画期的発展をはかられたのである。

けれども、あらたに敷地を選定し、所定のプランにしたがって大伽藍を建立することは、財政的にも、技術的にも容易な業ではなかった。文献および遺物・遺跡から徴してみるに、全国の金光明寺・法華寺がほぼ建立を終えたのは、建立の詔が発せられてから三十年をへた宝亀年間（八世紀の七〇年代）であった。金光明寺は、古くから存した国府寺＝国分寺の任務をうけつぎ、かつこれを拡張したものである。それゆえ、新築工事が竣工しないからといって、その機能を停止するわけには行かなかった。そこで新築工事がすむまでの間、これまで存した国府寺の建物を利用するか、金光明寺の機能を行ううえでそれが余りにもせまい場合には、国府からそう遠くない所にある適当な既存の寺院を転用したりしたのである。

大倭金光明寺の問題

ところで大倭国の金光明寺のことであるが、その名ははやく天平十四年の文書にみえている。つぎに掲げる同年七月十四日の「太政官符」や、同年十月三日の「写経所牒」（『古文書』二ノ三一三）などによってみれば、その存在は疑うわけには行かない。それは、東大寺建立などがまだ着想さえされていないころである。とすれば、金光明寺設立の詔勅が下された直後、最も重要な大倭金光明寺に指定されていたのは、どの寺院であったかが重大な問題となってくるのである。

この問題は、幾多の学者によって、さまざまな角度から論議された。最近の学界において見解の一致をみているのは、最初の大倭金光明寺は、金鍾寺であったということである。それは、つぎの「太政官符」（『東大寺要録』巻第七）によって、きわめて明白である。

太政官符二治部大蔵宮内等省一

偁金光明寺　本名金鍾寺

右奉二皇后去四月三日令旨一偁、上件之寺預二八箇寺例一、令レ為二安居一。自レ今以後、永為二恒例一。

天平十四年七月十四日

かような明証があるにもかかわらず問題が紛糾したのは、当時写経所がおかれていた福寿寺と金鍾寺とをあたかも同一のものであるかのように示す古文書が現存するためであった。このもつれは、福山敏男氏によって解きほごされ（『史学雑誌』四三ノ一）、それいらい問題はしだいに明確の度を加えてきた。

金鍾寺の創建

金鍾寺は、金鍾山房（『古文書』二ノ三五三）、あるいは略して単に山房（同七ノ二五）とも呼ばれていた。それは、文字通り山中に営まれた寺院であって、平地に整然と伽藍がたてられた大寺院ではなかった。さいわいにも、その創建の次第は明らかである。『続日本紀』の神亀五年十一月三日の条には、「従四位下智努王をもつて、造山房司の長官となす」（原漢文）とあり、また同月二十八日条には、「智行の僧九人を択びて、山房に住せしむ」としるされている。これは、九月十三日に薨去された皇太子の冥福を祈るためであった。この年、夫人県犬養(あがたいぬかいの)宿禰広刀自(ひろとじ)は、皇子安積(あさか)親王を生んでいた。したがって、皇太子の薨去によって特に絶望的な悲しみを覚えたのは、天皇よりも生母の光明皇后（当時中宮）であったに相違ない。これを念頭におき、一方では金鍾寺が光明皇后の令旨によって夏安居(げあんご)に預るにいたったことを想うと、金鍾山房は、とくに光明皇后の強い発意によって創建されたと考えられてくるのである。そしてその後の文書も、金鍾寺と皇后宮職(こうごうぐうしき)との密接な関係を語っている。

寺院の寺務を執行する機関は、三綱(さんごう)と呼ばれ、上座(じょうざ)・寺主(じし)・都維那(ついな)の三役から構成されている。天平十五年ごろ、金鍾寺の上座法師は、良辨(ろうべん)であった（『古文書』二四ノ一七八）。良辨は、皇太子の葬儀ののち追福の法会をおこなった僧正義淵(ぎえん)の高弟であった。そのうえ、筒井英俊氏が推定されたように（『南都仏教』二）、良辨が育ったと伝えられる「山城国多賀辺(たがのわたり)」（『東大寺要録』巻第一）、すなわち相楽(さがら)郡の多賀郷(たがのごう)には、橘諸兄の本邸があり、

金鍾寺が大倭金光明寺に指定された理由

こうした関係からも、良辨は諸兄を通じて皇后に近づいた可能性がある。おそらく金鍾山房の創建に際して、良辨は義淵の推薦と皇后の希望によって、その上座法師に補されたのであろう。

光明皇后は、父不比等（ふひと）の旧宅を捨てて大倭（やまと）の法華寺とされた。大倭の金光明寺に関しても、縁故の深い金鍾寺をそれに指定するよう天皇に勧められたに相違ない。『続日本紀』にも（天平宝字四年六月七日条）、「東大寺および天下の国分寺を創建するは、もと太后の勧むるところなり」（原漢文）とみえている。むろんこれは、条件づきで承認され

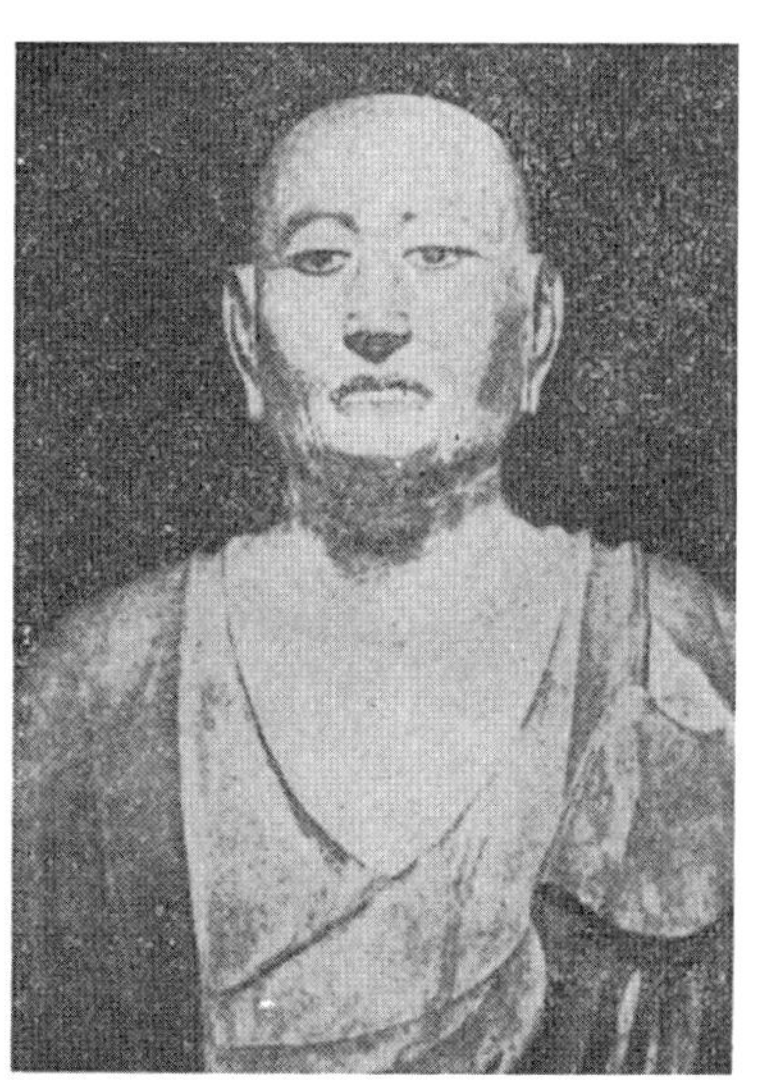

第4図　僧正良辨の像（東大寺所蔵）

ることである。東大寺に関しては、金鐘寺を大倭金光明寺に指定することは、光明皇后の勧めによったと理解すべきである。中央の金光明寺のために壮大な伽藍を構築し、そこに巨大な盧舎那仏を安置しようとする計画は、すでに述べたように、天皇の宿願であったし、また一方では、中央集権的官僚貴族国家の帰趨するところでもあったのである。

したがって問題は、大安寺や薬師寺のような由緒の深い、堂々たる官寺ではなく、郊外の山にある小寺院（金鐘寺）がなぜ大倭金光明寺に指定されたかにあるのである。これはもとより皇后の勧めによったものであろうが、その背後には、良辨の切実な願いと、さかんな運動があったに相違ないのである。

良辨は、偉大な政治的手腕の持主であった。彼は、僧正義淵の愛弟子であったが、義淵の推挙によって宮中に出入し、夫人光明子（こうみょうし）の信任をえ、皇太子の菩提寺たる金鐘寺の上座法師（じょうざほっし）として、ますます信任を深めていたのである。夫人光明子は、天平元年に皇后に冊立されたけれども、当時の後宮には、皇太夫人宮子の信任の篤い玄昉が圧倒的な勢力をしめていたし、また金光明寺の建立に関連して、大安寺の道慈は、「造寺監護」（『元亨釈書』巻第二）、つまり造営顧問として、天皇の信任をえていた。つまり金鍾寺を天下随一の寺院としようとする彼の夢想の前には、まだまだ障害が多かったのである。

その良辨にとって天来の啓示となったのは、おそらく天平十二年二月に、聖武天皇が河内の知識寺に参詣していたく感動され、盧舎那仏の造像を発願されたことであったであろう。そして慧眼な彼は、これを契機として、法相学から華厳学への転向を決意したようにおもわれる。義淵の高弟として法相学を修めた彼が、齢五十二歳（天平十二年）で今さら華厳学に転じた理由は、教学的なものではなく、政治的なものであったに違いない。そしてこの転向を憚るただ一人の人――義淵僧正――は、すでに神亀五年に世を去っていた。

金鍾寺の華厳会

当時、華厳学に明るい人としては、元興寺に厳智がおり、大安寺に新羅僧の審祥がいた。華厳学は、教界の片隅で研究されているにすぎなかった。良辨は、天平十二年の三月ごろから皇后に働きかけ、公式（勅請）の華厳会を金鍾寺に設ける勅許をえたもののようである。『伝通縁起』によると、良辨は初め元興寺に厳智を訪ね、華厳会の講師を依頼したが、厳智は審祥を推した。良辨は、かたく辞する審祥をついに説得し、その承諾の旨を奏聞した結果、勅請があったという。「東大寺別供縁起」（『東大寺要録』巻第五）によると、審祥は天平十二年十月八日から金鍾寺において旧訳の『華厳経』の講説をはじめ、三ヵ年にわたってそれを続けたという。他方、良辨は華厳関係の経論の書写を請い（『古文書』二ノ三八七）、金鍾寺を華厳学の淵藪となし、古い諸大寺に対して金鍾寺の独自な地位を固めたのである。彼の見事な布石は成功を博し、金鍾寺は大倭金光明寺に指定された。のみならず聖武天皇が天平十七年に平城京においてあらためて盧舎那仏の造顕を企てられた時には、その候補地は、金鍾寺の境内以外にはないまでに、彼の努力は功を奏したのである。

良辨のこうした工作は、当然、僧正玄昉との暗黙の対立を生む可能性をもっていた。しかし賢明な良辨は、光明皇后や橘諸兄の蔭に隠れ、教界や政界に進出することをおもわず、ひたすら金鍾寺の発展のみを画していたようである。一方、彼は、行基と提携し、金鍾寺のため後援を懇請したようである。良辨が律師道慈の後をうけて天平十七年正月二十一日に律師に補任されたのは(『七大寺年表』)、大僧正行基との友好関係なくしては、考えられぬことである。また東大寺の造営に行基が協力を惜しまなかったことは、周知のとおりである。

天平十七年十一月、玄昉はついに観世音寺に左遷され、僧綱は、つぎのような編成となった。

大僧正　行基　　少僧都　栄辨
大僧都　行達　　律師　行信

律師　良辨

しかし現実に僧綱を運営したのは、薬師寺・法隆寺を背景とした行信(ぎょうしん)であった。良辨は、教界の行政にはほとんど関心をもたず、皇后宮との関係を深めて、金鍾寺の発展のみを念じていたようである。当時の写経関係の文書をみると、「良辨大徳(たいとこ)」の名がしばしば見えている。彼は、皇后宮職の管轄下にあった写経所に対して、金鍾寺のための経論を自由自在に書写させている。これは、良辨が皇后から破格の愛顧と後援をえていた証拠といえる。紫香楽(しがらき)に大仏の鋳像が営まれていたころは、せっかくの『大般若経(だいはんにゃぎょう)』が紫香楽に運ばれたりして（天平十六年三月十四日紀）、彼もかなり案じたことであろうが、天平十七年になると、万事は好転し、金鍾寺が大発展をとげる時機は、おのずから到来した。永年にわたる良辨の努力と工作は、ようやく実をむすび始めたのである。

平城京東郊における大仏造顕の計画

聖武天皇が金鍾寺の地に大仏を造顕することを、いつ決意されたかは、今日では知る由もない。おそらくそれは、天皇・皇后・橘諸兄などの間で、天平十七年の十月ごろに内定したのではなかろうか。すでに皇后は、同年五月十一日に旧の皇后宮（藤原不比等の旧邸）をすてて宮寺とされているが（『続紀』）、この宮寺を大倭法華寺となし、増改築を行うことも、やはり同年十月ごろに内定したものとおもう。

僧正玄昉の左遷

天平十七年十一月二日に起った僧正玄昉の左遷については、さまざまな解釈が公けにされている。例えば、北山茂夫氏などは、当時における参議藤原朝臣仲麻呂の政治力を非常に高く評価し、彼は玄昉の追放を画することによって、玄昉―橘諸兄の勢力を挫いたと解している。川崎庸之氏などは、この解釈に反対し、玄昉は行基に反撥する行為をなしたため、人びとの指弾をうけたのではないかとみている。井上薫氏は、玄昉左遷の理由として『続日本紀』（天平十八年六月十八日条）にあげられている「栄寵、日に盛にしてやゝ沙門の行いに乖けり。時の人、これを悪む」は、具体的には、天平十七年における天皇危篤の際、皇嗣について彼が介入したためかもしれないと推測している。

玄昉が諸兄政権と強く結びついていたのは、天平十二年ごろまでのことであった。うち続いた遷都騒ぎの五年間に、両者の間柄は、疎遠となり、冷却化し、他方では諸兄と行基との結びつきが強められたのである。僧正の玄昉が在任中にもかかわらず、行基を前例のない大僧正に任命し、これを玄昉の上位においたことは、明らかに玄昉を抑える底意から出ている。紫香楽における行基の功績に報いるためのものとしては、これは過分の待遇といわねばならない。想うに、玄昉は、その主義の上からも、また自分がおかれている立場からも、㈠金鍾寺を中央の金光明寺としたこと、㈡そこに国力を結集して大仏を造ることに反対であったであろう。またかような事業を強引におし進める皇后・諸兄・行基・良辨などの派閥に対立せざるをえなかったのであろう。反対派側からすれば、仏法の興隆と国土安泰のために行う大事業に玄昉が反対することは、「沙門の行いに乖(そむ)く」行為とみなされる。天平十七年九月の平城復都の直後に彼が追放されたのは、彼が予定されていた大倭金光明寺の造営に最も強く反対し、薬師寺・大安寺・元興寺など古くからの諸大寺の僧たちも、彼に同調する動きを示していたからではなかろうか。

金鍾寺偏重に対する諸大寺の反撥

　これら諸大寺の僧侶が大倭金光明寺を偏重する政策に反対であったことは、天平十五年正月に、衆僧を金光明寺に請じて『金光明最勝王経』を読ました時に、来集した「四十九座の諸の大徳ら」に下した詞にも表われている。ここで大徳たちは、「国の宝」であるともち上げられた上で、自重を要望されている（天平十五年正月十三日紀）。これら諸大寺の勢力を代表するものは僧綱であり、その長は玄昉であった。天平十六年九月三十日には、「今聞く、僧綱意に任せて印を用ひ、制度によらず」という理由で僧綱印を左大臣橘諸兄の手許にまでとり上げてしまった。そして僧綱が行う仏教行政についても、太政官に一々指示を仰ぐことが命じられた（『続紀』）。

これは、諸兄や行基などに対する諸大寺の勢力を抑制し、その代表者たる玄昉の権限をそぐための処置であった。翌年正月には、行基の大僧正任命があったけれども、行基は、僧綱がおかれていた薬師寺には、あえて近づこうともしなかった(『大僧上舎利瓶記』)。天平十七年五月四日、栗栖王を薬師寺につかわし、四大寺(薬師・大安・元興・興福の四寺)の僧を集めて都をどこにすべきかについて、意見を徴した。そして衆僧は、口をそろえて平城を希望した(『続紀』)。この会議においても、有力な発言者は、僧正の玄昉(薬師寺)・大僧都行達(大安寺)・律師の行信(薬師寺)などであったであろう。

したがって、大倭金光明寺のために大仏を造り、大伽藍を営むためには、反対派を代表する玄昉を追放することが先決問題であったとおもう。この追放を正当化するために作られた理由などは、単なる粉飾にすぎないのである。諸兄のこうした処置は、政治家たる行信に衝動を与え、行信はかえって諸大寺の僧を説得する側に立ったようにおもわれる。こうして東大寺造営の体制は、しだいに整って

天平十八年における太政官の執政

きたのである。

さて天平十八年正月現在において、太政官は、つぎのような人びとから構成されていた。

左大臣　従一位　橘宿禰諸兄　年六十三。

中納言　従三位　巨勢朝臣奈氐麻呂（なてまろ）　兼左大辨。年七十七。

藤原朝臣豊成（とよなり）　兼中衛大将。年四十四。

参　議　従三位　大伴宿禰牛養（うしかい）　兼兵部卿。

正四位下　藤原朝臣仲麻呂　兼近江守。年四十一。

従四位下　紀朝臣麻路

これは、諸兄政権の健在をしめす構成である。藤原氏を代表する豊成と仲麻呂とは、それぞれ武智麻呂の長男と三男であり、亡父の遺勲によって、早くも廟堂にその名をつらねていた。豊成は温厚な長者であったが、弟の仲麻呂の方は、性聡敏な策士で、権勢欲に燃えた人物であった。このころの政治的な事件の背後には必ず仲麻呂がいたと推測する学者もいるが、彼の実力はまだそれほどではなかった。藤原氏のうちで最も聖武天皇に信任され、将来を嘱望されていたのは、房前の三男で、当時三十一歳の従四位下藤原朝臣八束（のちに真楯と改名）であった。

僧綱の構成

一方、僧綱の方は、上に大僧正行基がおり、下に律師の行信と良弁がいた。行信は、後の行為からもわかるように、協力的態度に出ていたし、大僧都の行達や少僧都の栄辨はなんら政治的手腕をもっていなかった。行基は、僧綱の重鎮であっても、行政には関与しなかったが、彼の背後には、いかなる奉仕をも辞さない多数の民衆がいた。行基が大仏の造像に協力するとなれば、それは予期される民衆の怨嗟の声を未然に防ぐことができるであろう。

造仏事業を遂行するための人材

事業を遂行する実際の面でも、必要な人材はそろっていた。すなわち、国家財政の直接の担当者としては、秦忌寸朝元（山背北部の秦氏を代表する人物で、その娘は藤原種継を生んだ）や文忌寸黒麻呂

大倭金光明寺を造営する機構

がおり、工事担当者としては、佐伯宿禰今毛人がいた。そして技術（美術工芸）の方面では、天才的な彫刻家国君麻呂（のちの国中連公麻呂）や建築家の猪名部百世や益田縄手など見事な陣容がととのっていた。行基の声望を活用し、豪族層にうまく呼びかけるならば、空前の難事業であっても、成就可能と予想されたのである。

いったい大寺院の造営のためには、そのつど造寺司をおくのが、古来の慣例であった。造薬師寺司などは、その例である。大宝元年（七〇一）七月には、造寺司の地位は、寮に準ずること、つまりその長官は従五位上に相当し、四等官をおくことが定められている（『続紀』）。現に天平十五年（七四三）ごろには、造弘福寺司が存しており、右大辨従四位下紀朝臣飯麻呂がその長官を兼ねていた（『古文書』二ノ三三六）。大倭金光明寺の場合は、未曽有の大寺院を造立するのであるから、当然、あらかじめ造寺司の官制が布かるべきであった。ところが、この寺は、形式的には大倭国の金光明寺であり、性格的には、信仰を同じうする同志の協力によって造営されるべ

大倭金光明寺造営のための人事

き知識寺であった。このために造寺司は意識的に置かれなかったらしい。そして最有力の知識たる皇室が造仏や建設の世話をするという形がとられた。金光明寺造物所（造仏所とも記されている）は、皇后宮職の管轄のもとに、天平十六年ごろから存在していたが（『古文書』二ノ三八七）、聖武天皇や皇后・諸兄などの意向では、この造物所を拡充し、これに直接造営に当らしめ、玄蕃寮と大倭国司をして監督させる方針であった。

こうして天平十八年三月五日には、参議紀朝臣麻路の民部卿兼任と、朝元の主計頭補任が発令された（『続紀』）。このころには、今毛人は、大倭国の少掾に、国君麻呂は、造仏所の長官に任命されていたであろう。建立の形式上の主体者であり、また造営費としてその正税稲を出した大倭国の少掾に今毛人を任命し、実際には金光明寺造物所や優婆塞司に出向させ（『古文書』八ノ五八一）、あらゆる面から工事を強力に推進させようとしたのが、この人事の狙いであったと考えられる。市原王は、今毛人の上位にあったが（『古文書』九ノ三〇一）、それは若い今毛人の後楯となるためであった。

官人の勤務評定

ところで、官人の勤務成績を評価する規定をおさめた法令は、「考仕令」(『養老令』では「考課令」という)と呼ばれていた。「考課令」によると、すべての官人は、毎年七月三十日現在で上官によって勤務評定される。この評定は、「考」といわれ、前年の八月一日から今年の七月三十日までの一ヵ年は、これを「考期」というのである。そして長上(日勤の官人)は六考(六考期)、番上(隔日勤務の官人)は八考を経れば、総合的に成績が詮擬され、昇任、現位階に停留、または解任が決定される。「考課令」には、この評定の規定がこまごまと記載されている。慶雲三年(七〇六)になって、成選、つまり所定の年限に達した者に対する叙位・選任は、長上については四考、番上については六考に短縮された。

正倉院にのこる勤務評定書

おのおのの官司が毎年、太政官に提出した勤務評定書は、「考文」と呼ばれていた。東大寺の正倉院には、実に多数の古文書が収蔵されているけれども、考文については、わずかな断簡がみられるにすぎない。さいわいにも、そこに遺っている断簡のうちには、いくつかを適当につなぎあわせると、完全な一通の古文書に復原することのできるものがある。その詳細は、べつに述べておいたので、ここでは繰りかえさないが（『古代文化』六ノ四）、復原できた文書は、天平勝宝元年（七四九）十月一日に、造東大寺司が太政官に提出した七十八行におよぶ解状である。官司が上級の官に宛てた文書であるため、それは「解」と呼ばれるけれども、内容的には、造東大寺司がそこに勤務している職事官（現職の官人）の成績を記し、成選を申請した「考文」にほかならないのである。

造東大寺司解　申職事等成選事

合天平勝宝元年成選肆人　六位二人 八位二人

五考成選肆人

一人三考長上中上　二考分番中上

二人一考長上中上　四考分番中上

一人一考長上中上　四考分番　二考中上 一考中等　一考上等

右件成選、等第孔目如前

次官正六位上佐伯宿禰今蝦夷　年卅一 左京人

右人、元舎人監舎人、天平十六年成選、十七年四月廿五日叙従七位下、十

八年三月七日動上一階、廿一年四月一日特授六階、

天平十七年中上　上日参伯伍拾弐

恪勤匪懈善、　恭慎无愆、容止合礼最、

（以下は復原）

十八年中上　上日□伯［　］

恪勤匪懈善、　恭慎无愆、容止合礼最、

右、二年舎人考、

十九年中上　上日□伯［　］

恪勤匪懈善、　無有愛憎、供承善成最、

廿年中上　　　上日□伯□

恪勤匪懈善、　無有愛憎、供承善成最、

天平勝宝元年中上　上日□伯□

恪勤匪懈善、　職事修理、昇降必当最、

右、三年歳長上考、

前件一人、五考、日惣壱仟□伯□□三考長上中上、二考分番中上、

——以下略——

【語釈】　○職事—現職についている官人。○選叙—成績によって職を授け位をあたえること。○考期—前年八月一日より今年の七月三十日までの一ヵ年で、毎年七月三十日付で官人の成績表が作成される。○長上官—毎日出勤の官人。○分番—舎人・史生のように隔日出勤の官人。○善—善行のことで、官人には、四種の善行が定められている。○最—ある職に対する適性のことで、「考課令」は、一々の職について、望ましい性格を定めている。

【釈文】

造東大寺司は、現職員の成績を考査し、選叙のことについて申し上げる(太政官に)。

天平勝宝元年に成選される者は、全部で四人。六位の位をもつ者二人。八位の位をもつ者二人。

五考期をへたため成選される者は、つぎの四人である。

一人は、長上官として勤めた三考期の成績が中の上、分番として勤めた二考期の成績は中の上。

二人は、長上官として一考期の成績が中の上、分番としての四考期が中の上。

一人は、長上官としての一考期の成績が中の上、分番の四考期のうち、二考期は舎人としての成績で中の上、史生としての一考期は上等、他の一考期は中等。

右の成選に関しては、成績の段階の細目は、以下の通りである。

次官正六位上佐伯宿禰今蝦夷(いまえみし) 年は三十一歳。左京の人。

右の人は、もと春宮(とう)坊舎人監の舎人であった。天平十六年に選叙のため、成績が詮擬された。十七年四月二十五日に従七位下に叙され、十八年三月七日、位を一階上げられた。二十一年四月一日には、とくに六位の位が授けられた。

天平十七年の成績は、中の上。出勤日数は、三五二日。

善行に関しては、「つつしみ勤めて怠らない」という条項にあたっている。

職に対する適性は、「考課令」に定めてある舎人の適性「慎しみ深くて悪い言葉を言わず、挙動が礼にかなう」に合致している。

十八年の成績は、中の上。出勤日数は、何百何十何日。

善行に関しては、「つつしみ勤めて怠らない」という条項にあたっている。

職に対する適性は、舎人としての「慎しみ深くして、悪い言葉を言わず、挙動が礼にかなう」に合致している。


右の二考期の成績は、舎人として考査したものである。


十九年の成績は、中の上。出勤日数は、何百何十何日。

善行に関しては、「つつしみ勤めて怠らない」という条項にあたっている。

職に対する適性は、(大倭)国の掾としての適性すなわち、「愛憎をもたず、上官の指示を謹んで承け、よくこれを果たす」に合致している。

二十年の成績は、中の上。出勤日数は、何百何十何日。

善行に関しては、「つつしみ勤めて怠らない」という条項にあたっている。

職に対する適性は、(大倭)国の掾として「考課令」に定めてある適性、すなわち、「愛憎をもたず、上官の指示を謹んで承け、よくこれを果たす」に合致している。

天平勝宝元年の成績は、中の上。出勤の日数は、何百何十何日。

善行に関しては、「つつしみ勤めて怠らない」という条項にあたっている。

職に対する適性は、(造東大寺司の)次官として、「考課令」に定めてある適性、すなわち、「職務をよく処理し、部下の昇任・降任についての処置がすこぶる適切である」に合致している。

前記した一人の者は、五考期を経ており、その間の出勤総日数は、壱千何百何十何日である、三考期は長上官で、成績は中の上。二考期は分番で、成績は中の上である。

今毛人に対する勤務評定

この文書において成選が申請されているのは、次官の正六位上佐伯宿禰今毛人、判官の従六位下上毛野君(かみつけぬのきみ)真人、正八位上阿倍(あべの)朝臣真道(まみち)、長上(現場監督)の正八位上路(みちの)虫麻呂の四名の職事官である。今毛人に関する部分は、半分が欠失しているが、他の断簡や「考課令」によって、別にかかげたように復原されるのである。そしてこれを吟味してみると、天平十二年ごろから天平勝宝元年までの間における今毛人の経歴がかなりよく判明するのである。

今毛人の履歴

この「考文」から知られるのは、今毛人が初め春宮坊の舎人監の舎人であったということである。そして彼は、天平十六年七月三十日までの勤務成績によって詮擬され、その結果、十七年四月二十五日に、従七位下に昇叙されたのであった。舎人は、番上であるけれども、四考をもって成選され、評定には長上に対する基準が適用された。彼は、天平十六年に四考に達して成選されたのであるから、彼が舎人として官途につき、春宮坊に配されたのは、天平十二年――おそらく夏四月――であったと推測されるのである。この成選の時の総成績が「中の上」であれば、位が二階進められる。後の成績から推して、彼の場合は、「中の上」の成績であったと考えられる。それによって従七位下に昇叙されたというのであるから、任官した時は、それより二階ひくい正八位下に叙されていたに相違ないのである。

官人登用試験に合格

今毛人は、父が外従五位下であった関係から、仕官した場合には、「選叙令」の規定によって、従八位（正妻の子なら従八位上、側室の子ならば従八位下）を授けられたはずである。ところが彼は、最初から正八位下を帯びていたと推定される。これは、彼が父の遺勲（蔭といわれた）によってではなく、官人登用の国家試験をうけて任官した事実を証示しているのである。つまり彼は、大学に学び、大学の挙送（推薦）によって秀才科の登庸試（国家試験）をうけたのである。この際、「上の上」（これはめったにとれない）と「上の中」の成績をえた者だけが及第ということになるが、「選叙令」は、「上の中」の及第者には、正八位下を授ける旨を規定している。すなわち今毛人は、父の蔭によらず、実力で秀才科（つまり文学科）の採用試験に「上の中」の成績で合格し、それによって正八位下舎人として官途についたことが推知されるのである。

すでに述べたように、今毛人は、天平十四年の八月に、紫香楽に出向し、造離宮司、ついで造甲賀宮司の主典を兼ねたと考えられる。しかし天平十二年四月ごろから十四年八月までの二年余の間、いかなる任務についていたかは、明らかにされない。おそらく舎人の資格で、恭仁京の造営などに関係していたのであろう。

今毛人の勤務状態

別記の「考文」によると、天平十六年八月一日から翌年七月三十日までの彼の出勤日数は、三五二日であった。長上官の義務出勤日数は、年間で二四〇日とされていたから（「考課令」）、天平十六－七年ごろにおける今毛人の仕事ぶりは、すさまじかったわけである。またこの「考文」は、彼が天平十八年三月七日、従七位上に昇叙された事実を語っている。前に昇叙されてから一年足らずの後に、一階進められたのである。これは、尾張王が河内国古市郡で白亀一匹を獲た瑞祥を祝って、天下の六位以下の者には一級を進めよという恩勅によったものである（『続紀』）。

金鐘寺の本堂

大倭金光明寺に指定された金鐘寺は、平城京の東郊にあたる添上郡山金里にあった（「大仏殿仏前板文」）。つまり現在の奈良市の嫩草山西麓の扇状地にあったのである。この金鍾寺の本堂は、どこに位置し、まだどういう名を帯びていたかについて、従来の学説は、『東大寺要録』にしたがって、これを羂索堂（法華堂）としていた。ただし福山敏男氏などは、右の『要録』に見える「羂索堂天平五年建立説」を疑

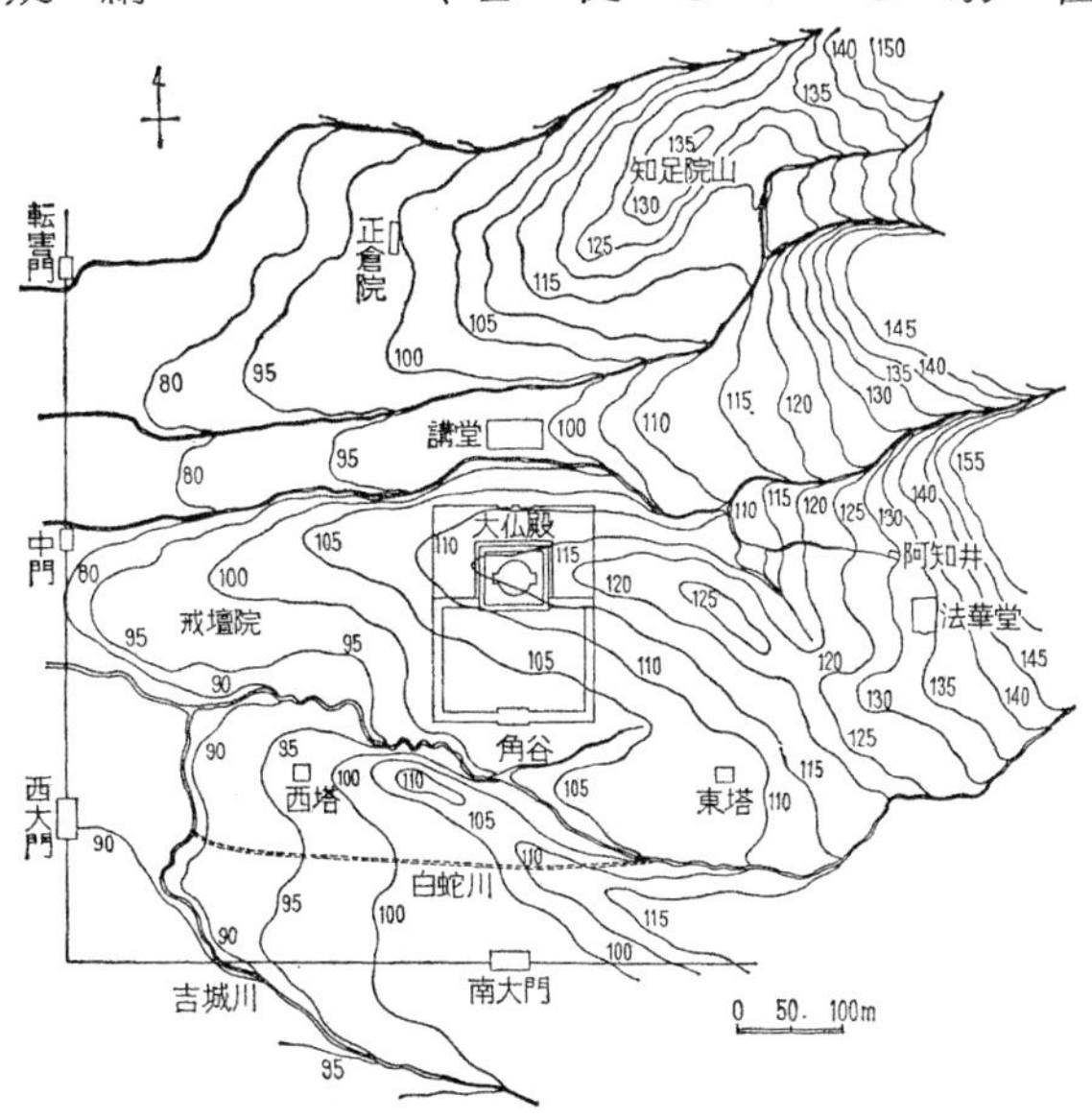

第5図　造営当時の東大寺付近の想定復原地形図
（等高線は 5 mm）（森蘊氏による）

い、ひいては金鐘寺＝羂索堂説に疑問を投げていた。近年、堀池春峰氏は、金鐘寺の本堂は、天平十九年正月二十七日の「大灌頂経奉請注文」（『古文書』九ノ三二七・三二八）にその名が初めて見え、その後の文書に散見する「千手堂」（一名、銀堂）であったことを見事に立証した（『南都仏教』二）。右の文書は、写経所が千手堂から『大灌頂経』十二巻を借用したい旨をしたためたものであるが、そこには、「堂守人」として凡直国嶋の名がみえている。正倉院御物の天平勝宝八歳六月九日の「東大寺四至図」では、この千手堂は、羂索堂の東南に位置しており、基壇上に西面してたった四注造屋根をもつ建物としてえがかれている（『古文書』四ノ一一六）。現在、その遺址は、手向山神社と法華堂の中間の高地に存しており、天平時代の古瓦類も発見されている。

千手堂の本尊

初めこの千手堂には、本尊として千手観音像が安置されていたが、後に銀造の盧舎那仏像が置かれるようになり、平安時代になると千手堂よりも、「銀堂」という俗称の方が一般に知られるにいたった。

千手堂の千手観音像こそは、神亀五年に創建された金鍾山房の本尊であったと認められる。『法華経』と光明皇后との関係を想うならば、皇太子の追福のための寺院に本尊として千手観音像が安置されたのは、当然のことであったといえよう。しかしその由緒は尊くあっても、金鍾寺は、ささやかな山寺であり、その規模において、薬師寺や大安寺はおろか、紀氏の氏寺である紀寺にすら及ばなかった。今やこの山寺は、大倭(やまと)金光明寺に指定され、未曽有の大仏の銅像が鋳造され、三国一の大伽藍がまさに建立されんとしていた。工事の直接担当者たる佐伯宿禰今毛人は、強い感激に酔いながらも、その重荷に眼がくらむ想いをしたことであろう。

四　大仏開眼

平城における大仏造顕の開始された時期

平城京の東京極大路に接した東山の山麓地帯は、山金里（添上郡）と呼ばれていた。文献によると、この山金里には天地院・辛国堂といったささやかな仏舎が早くから営まれていた。金鍾寺も、この種の小寺院のひとつであったが、今やそれはおそるべき発展をとげようとしていた。

しかしながら金鍾寺＝大倭金光明寺における大仏の鋳像と大伽藍の新築が、いつ決定され、いつ着手されたかは、明瞭でないのである。有名な「大仏殿碑文」（『東大寺要録』巻第二）には、

……さらに天平十七年歳（ほし）、乙酉にやどる。八月廿三日をもつて、大和国添上郡において同像を創りたてまつる。天皇、もつぱら御袖をもつて土を入れ、持運びて

御座に加ふ。然る後、氏々の人らを召し集め、土を運び、もつて御座を築き
堅めしめたまふ。（原漢文）

と記され、いかにも天平十七年八月二十三日に鍬入式が挙行されたかのように伝えていけれども、すでに先学も指摘しているように、この年月日は、信用し難いものである。天平十七年八月と言えば、まだ遷都騒ぎが終っておらず、八月二十八日には、難波宮への行幸すらあって、平城復都はまだ決定していなかった時分である。良辨の画策や皇后の勧めもあったにしても、これを決定するような段階にはなかったのである。

全般の情況からみて、右の造営計画が決定したのは、同年九月二十六日に平城京に天皇が帰還された直後、すなわち十月であり、またそれが正式に発表されたのは、玄昉僧正が追放された後、すなわち十一月中旬か下旬であったとおもう。また正式に発表されてすぐに準備が開始されたとしても、鍬入式を挙行するまで

には、相当な月日が必要である。したがって、これを善意に解しても、「天平十七年歳次乙酉八月廿三日」は、紫香楽における大仏の鋳造を停止せしめた日か、あるいはそれは「天平十八年八月乙酉(六日)」の誤写であるかのいずれかとみねばならぬのである。

いずれにしても、天平十七年の五月から八月ごろまでの間に、紫香楽における大仏鋳造は停止され、計画は、小規模な甲賀寺の建立に切りかえられたのである。そして正六位舎人正の内蔵伊美吉(くらのいみき)黒人が造甲賀寺所の別当として残留したのである(『古文書』二ノ四七六)。これに応じて、造甲賀宮司の要員も、大部分が平城京に引揚げたに相違ない。

大倭金光明寺の造営計画が正式に決定・発表されたのは、天平十七年の十一月ごろであったにしても、着工までの準備が開始されたのは、天平十八年の初めであったであろう。正月から四月までの間に、佐伯宿禰今毛人は、大倭国の少掾に任じられ、優婆塞司の恐らくは判官を兼ね、また不出世の彫刻家の外従五位下国君麻呂は、金光明寺造物所の長官に任じられたものと推定される。四月十一日には、玄蕃頭の従四位上安宿王は、治部卿に昇格し(『続紀』)、その後をうけて従五位下市原王が玄蕃頭に補された(『古文書』一ノ四五一)。

市原王と佐伯宿禰今毛人とは、金光明寺造物所への出向を命じられ、今毛人の監督・指揮のもとに造物所が事業を遂行するという体制が整えられた。もとより事業の実際上の責任者は、今毛人であった。天皇は、この官人の敏腕と誠実さに矚目し、空前の大事業の主宰を命じられたのである。今毛人は、天平十七年におけると同様に、毎年、出勤日三百何十日というように、ほとんど寝食を忘れて、与えられた任務に励んだことであろう。

今毛人の生涯の大事業

天平十八年(七四六)から天平宝字元年(七五七)までの十一年間は、佐伯宿禰今毛人の生涯においては、もっとも充実した期間であった。それは、彼が二十八歳から、三十九歳までの油ののりきった時期であった。東大寺（大倭金光明寺）の建立について の聖武天皇や光明皇后の意図が奈辺にあったにせよ、またその造営をめぐる諸兄一派と仲麻呂派の政争がいかに激烈であっても、さらに国力が大幅に消耗し、役民の歎声もあがっていたにせよ、それが世紀の大事業であったことは、否定されない。このような大事業をゆだねられ、それを主宰することは、今毛人にとっては、まことに男子の本懐であったに違いないのである。

聖武天皇の愛顧

のみならず今毛人は、聖武天皇から無類の信任をえていた。彼は、天皇の寵臣グループのひとりであったけれども、その愛顧は、文学や風流によってではなく、才腕と誠実さによってかちえたものである。時は、旧豪族の復活期であり、大伴・佐伯・紀・多治比・巨勢などの諸氏の政界進出は、目ざましかった。そして政権を握る橘宿禰諸兄は、反藤原派の支柱であった。天平二十年ごろには仲麻呂の抬頭はみられたけれども、藤原氏はとうてい強力な政治力を固めるまでにはいたっていなかった。東大寺の上座法師良辨は、僧綱の政は、大僧都行信にまかせ、相変らず東大寺の発展にのみ心をくだいていたが、苦労人で聡明な彼は、今毛人の精励かつ実直な性格を高く買い、これを自家薬籠中の物としていたであろう。

「東の大居士」

あらゆる条件は、まさにそろっていた。今毛人は、天皇の知遇と事業の偉大さに感激し、この造営事業に精魂をうちこんだのである。これにふれて、『延暦僧録』（第四）は、つぎのように語っている。

> 平城の後の太上天皇（聖武）、東大寺を造らんとするや、（今毛人を）差はして別当造寺官となす。常に斎戒を持す。天皇、名づけて「東の大居士」となす。毎年、天皇の御命を受け、毫釐も差はず。（原漢文）

聖武天皇は、今毛人を「東の大居士」とよんで敬愛された。彼も常に斎戒を持して仕事に精励し、天皇の指示に寸分もたがわぬように努めたのである。それをめぐって、いかほどの問題があろうと、ともかく東大寺の造営のような大事業は、当事者たちの熱意と意気投合をまってのみ成就しえたのである。

その他の造仏事業

金光明寺造物所の当面の目的は、盧舎那仏の巨像を鋳造し、これを中心に一大伽藍を建設することにあった。しかし看過してならないのは、天平十八年の中ごろ、大倭の金光明寺において工作が進められていたのは、盧舎那仏の巨像や、これを納れる大仏殿ばかりではなかったという点である。その他の工作としては、千手堂に客仏として納める銀像盧舎那仏像の奉造があり、また一方では、羂索堂の建造があった。前者はすなわち、『延暦僧録』（第二）の『聖武皇帝菩薩伝』（『大日本仏教全書』収録の方による）に、「また等身銀像一軀を造る」とあるものに該当している。これは、『東大寺要録』（巻第四）の「千手堂銀堂」の箇所にみえる「銀盧舎那仏一躰等身」のことであり、天平十七－八年にそれは製作されつつあった（『古文書』二四ノ三一五・三一六）。そしてこれが完成をみたのは、天平十八年十月の初めであった。同年十月六日紀に、

天皇・太上天皇・皇后、金鍾寺に行幸す。燈を燃して、盧舎那像を供養せり。

仏の前後の燈一万五千七百余坏。夜、一更に至るとき、数千の僧をして脂燭をさゝげ、賛歎供養して、仏を繞ること三匝せしむ。三更に至りて宮に還る。（原漢文）

とあるのは、この銀像盧舎那仏像の開眼供養の盛儀を伝えたものである。大仏の原型を供養したのではないのである。

羂索堂（法華堂）がいつ竣工したかは明確でない。しかしそれが天平勝宝元年九月にすでに出来上っていたことは、疑いがない（『古文書』一〇ノ六二八および十一ノ二三七）。福山氏は、羂索堂と、その本尊たる有名な不空羂索観音像とは、天平二十年から勝宝元年九月までの間に完成したと推定している（『東大寺創立に関する問題』）。この観音像は、天平十九年正月には、金光明寺造物所において、まさに製作中であった（『古文書』九ノ三二六）。

したがって、佐伯宿禰今毛人は、未曾有の大事業たる大仏の鋳像にばかり専念することがゆるされず、千手堂の銀造盧舎那仏像、羂索堂に納める本尊以下の諸像の製作、羂索堂そのものの建築などにも、大いに配慮せねばならなかった。もちろん、直接、製作や建築にあたる国君麻呂以下の仏師・鋳師・大工（木工たちの長たる建築技師）など、工匠たちの労苦は、言語に絶するものがあったであろう。

造営事業の幹部

当時の大倭守は、天平十五年五月に発令された藤原朝臣清河（房前の四男）であった。彼は、十七年正月に正五位上を授けられ、十八年四月に従四位下に昇叙された（『続紀』）。しかし彼は、大倭金光明寺造営の形式上の責任者ではあっても、ほとんどこの事業には関与しなかったようである。天平十八年十一－十二月において大倭金光明寺造営は、左のような人びとによって進められていたようである。

出向　従五位下玄蕃頭　市原王
　　　従七位上大倭少掾　佐伯宿禰今毛人
造物所　長　宮　外従五位下　国君麻呂
　　　舎人監
　　　令　史　大初位上　小野朝臣国方（くにかた）

史　生（位階不詳）川内画師祖足
舎人兼史生　大初位上　田辺史真人
舎　人　少初位上　志斐連麻呂

このほか若干名の舎人が配属されていたらしいし、また仏師以下多数の工匠や優婆塞司の管理下におびただしい優婆塞・優婆夷（雑役に奉仕し、その功徳によって僧籍に入るを希望する男女）がいた。
また別に、古くからの金光明寺写経所があったが、その主当（主任）は、春宮坊舎人監の舎人少初位上阿刀連酒主であった（『古文書』二ノ四二三）。

大倭法華寺の場合

天平十七年五月に、旧皇后宮を捨てて建立した宮寺の方は、皇后宮職の舎人秦浄足が造寺別当に補され（『古文書』九ノ三二八・三二九）、また宝浄と顔証がそれぞれ上座尼と知事尼に任命されていた（『古文書』九ノ二〇〇）。法華寺と改称されたのは、天平十八年の後半のことらしい（『古文書』九ノ三二八）。宝浄は大尼公、顔証は少尼公という尊称でよばれていた。

造営事業の所属官司

市原王と今毛人は、玄蕃寮と大倭国司から金光明寺に出向し、造物所と写経所を監督し、法華寺の造営をも指揮したようである（『古文書』九ノ三二八）。金光明寺造物所・同写経所・造法華寺所などの官制上の所属は、あまり明確でないが、三者は皇后宮職に所属し、事業遂行の面では、他から出向した市原王と今毛人の監督をうけたもののようである。皇后は、命婦（従五位下）の県犬養宿禰八重をつかわして、これらの「所」との連絡をとっておられた（『古文書』二ノ五五一、同九ノ一九八・三二九）。

しかしこうした組織は、皇室を有力な知識とみた考え方の上に立っているとはいえ、事業を進める上では、支障が多かったに相違ない。監督の直接の責任を負わされた今毛人は、まだ二十八歳であった。ずいぶん苦労も多かったこととおもう。十八年十二月二十二日には、今毛人以下六一名の造物の関係者に、禄物が六級にわけて支給された（『古文書』九ノ三二九）。むろん、年末に際して彼らの労をねぎらうためである。一等は今毛人ひとりだけで、彼は、絁四疋（一疋は一一四平方尺にあたる）・綿十屯（一屯は約五十三匁）・麻布四疋を与えられている。

造営のための基礎工作

天平十八年には、佐伯宿禰今毛人の指揮のもとに、さまざまな基本的な工作が進められたはずである。第一には、地形測量であって、平城京の左京の条坊を東に延長し、その延長線の区劃に合致するように、寺の四至を決定する必要があった。第二には、かく限定された境内に整然と建物を並べる伽藍配置図や金堂（大仏殿）の設計図を作り、第三には、この巨像をいかにして鋳造するかの方法を決定しておかねばならなかった。また着工にあたっては、与えられている地形をいかに利用し、どうすれば所期の地形が造成されるかが、いろいろと研究されたに相違ない。

境内の整地

東大寺の主要伽藍が配置されていた地域は、一見平坦なようにみえるが、じつはかなり凹凸に富んでいる。しかも造営以前においては、嫩草山の扇状山麓であるため、地形はいっそう複雑であったのである。これは、最近、森蘊氏の実測的研究によって、具体的に究明された（『大和文化研究』五ノ四）。森氏によると、大仏殿の一劃、鐘楼・戒壇院・正倉院・西塔などは、いずれも嫩草山から西にのびた尾根を削りとった堅固な地盤の上に建てられ、食堂と僧房は一部分きりとり、盛り土した敷地に営まれている。そして東塔と講堂とは、谷間ないし低湿地に盛り土した敷地に建っているとのことである。森氏は、大仏の鋳造について、鋳型の外側からの押えや、胸部から上方の鋳造に、自然の地形が利用されたのではないか、と推測している。

さて市原王や今毛人の指揮・監督のもとに、造営の事業は、天平十八年四―五月から開始されたようである。天皇はかなり焦慮を覚えておられたから、鍬入式は一応の準備ができた後、すぐ行われたであろう。「大仏殿碑文」の「八月廿三日」にこだわるわけではないが、鍬入式――正式な着工――は、やはり八月ごろに挙行されたものとおもう。

その際、天皇が自ら袖に土をいれて運ばれ、「氏々の人等」、すなわち中央貴族たちもこれに倣ったという「大仏殿碑文」の記載は、真実を伝えていると思考される。そして天皇のこの行為は、東大寺の造営は、政府の手によってではなく、知識たちの自発的共同事業としてなさるべきであり、天皇もまた知識の一人にすぎないという、発願の趣意から出ているのである。

この鍬入式をもって、造営の事業は本格化し、完成への方向に動き出したのである。しかし難事業であるだけに、問題は山積していた。今毛人は、技術的な問題ばかりでなく、経理・労務に関する難問題を解決し、総監督として事業の促進をはかったことであろう。しかし趣旨はよいとしても、現実の面では、造寺司がないために、事業の進行がともすれば円滑さを欠く点も認め、かつはそれを進言したとおもわれる。事業の性格からして機構の急激な変革は望めなかったが、それでも改革は徐々に行われた。

東大寺という名称

「東寺」ないし「東大寺」という名称は、天平十九年ごろから用いられ始めた(『古文書』九ノ六三二)。たしかに「大倭金光明寺」という語は長すぎたし、また「金光明寺」

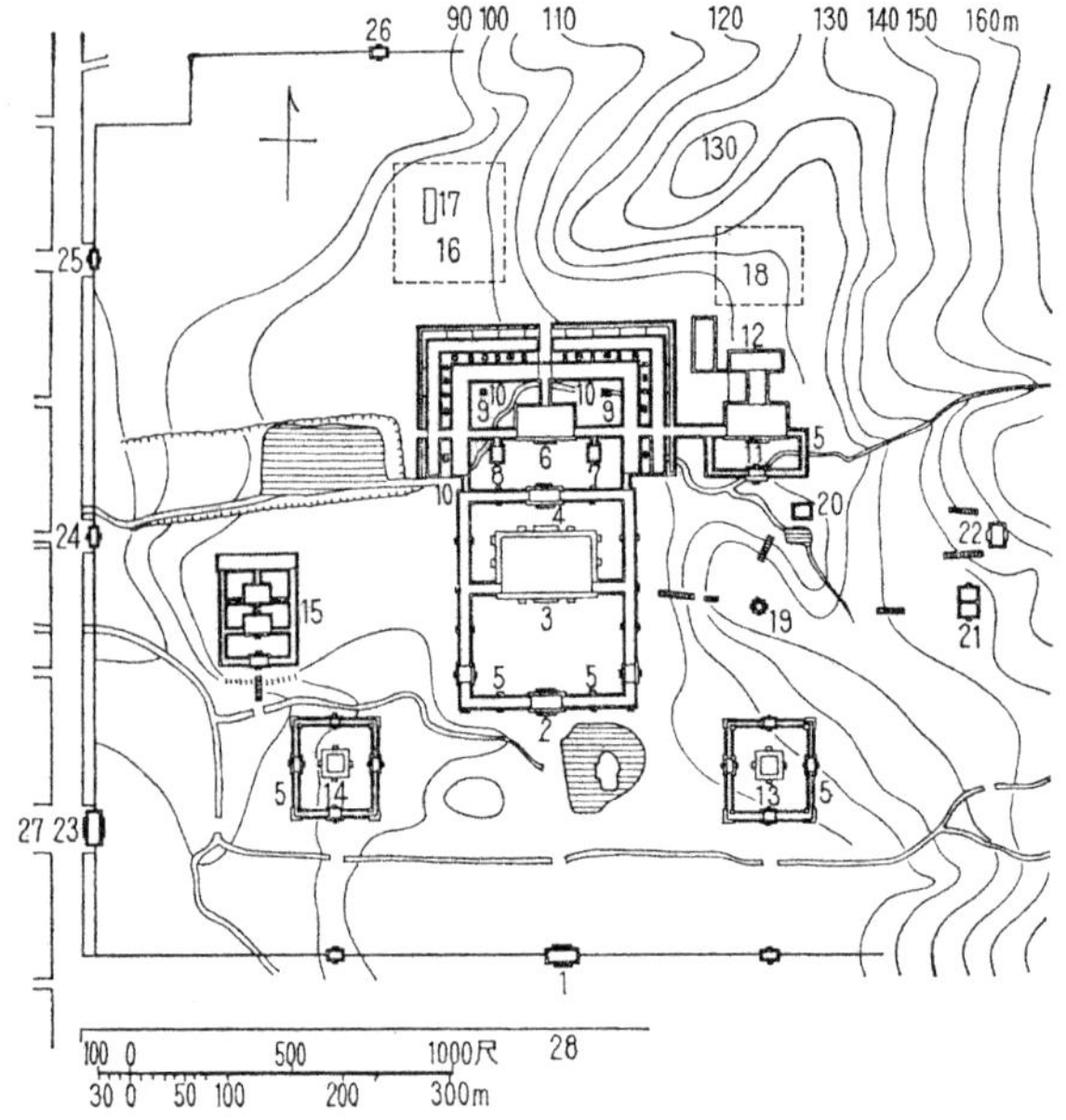

第6図　創建当時の東大寺の復原平面図

1. 南大門　2. 南中門　3. 大仏殿　4. 北中門　5. 廻廊　6. 講堂　7. 鐘楼　8. 経楼　9. 井屋　10. 僧房　11. 食堂　12. 大炊殿　13. 東塔　14. 西塔　15. 戒壇院　16. 正倉院　17. 正倉院宝庫　18. 上司　19. 鐘堂　20. 大湯屋　21. 法華堂　22. 二月堂　23. 国分門（西南大門）　24. 中御門　25. 西北火門（転害門）　26. 北大門　27. 二条大路　28. 興福寺林

造東大寺務所

とだけ言ったのでは、他国のそれと混同するおそれがあったであろう。これに前後して、事務機構の円滑を期するために、天平十九年ごろに、「造東大寺務所」が設けられたが、それは二十年七月十日までは確実に存在していた（『古文書』一〇ノ三一二）。市原王・今毛人以下の事務系の官人は、この寺務所に出向または勤務した。けれども、事業の現実は、このような処置では充分でなかったと見え、趨勢は造寺司の設置へと向ったのである。これは事業の困難性によるためばかりではなかったとおもう。諸兄政権は、事業の遅滞と造営の負担からくる豪族や民衆の不平を材料として、藤原仲麻呂など反対勢力が攻撃することを懼れたためであろう。つまり知識寺としての看板を正面からはずし、官寺としての線を太くして完成を急ぐ方向に、踏みきらざるをえなかったと推量されるのである。

今毛人、造東大寺次官に任補

「造東大寺司」は、時として「造東寺司」と呼ばれた。この官制がいつ布かれたかは、さだかでないが、天平二十年の七月十一日から八月二十四日までの期間に設置されたことは、疑いがない（『古文書』三ノ一一一）。官制は、やはり四等官制であって、長官・次官各一名、判官・主典各二名という定員であった。今毛人は、ただちに次官に補された。そして大倭少掾の方は、兼官となった（『古文書』一〇ノ三七七）。市原王は、長官に補されず、本官は玄蕃頭で、造東大寺司の知事（ちじ）ということになった。そして判官には、正八位上田辺史真人と従八位上阿倍朝臣真道（『古文書』一〇ノ三七七、同一二ノ二五九）、主典には従八位下山口伊美吉佐美麻呂（いみきさみまろ）（『古文書』一〇ノ三七七）ほか一名が補任された。

このようにして造東大寺司という独立した官司が太政官の直轄下に設置された。もはや形式的には皇后宮職の被官ではなくなった。そして金光明寺の造仏所・写経所その他の「所」も、皇后宮職からはなれて、造東大寺司の管轄するところとなった。この種の措置は、東大寺の官寺化を意味したけれども、造営を促進するためには、諸機構の一元化は、やむをえなかったのである。

市原王

○舒明天皇
- 天智天皇
  - 持統天皇
  - 元明天皇
  - 施基皇子
    - 光仁天皇
      - 桓武天皇
      - 能登内親王
    - 春日王—安貴王—市原王
- 天武天皇

（市原王・能登内親王）
- 春原五百枝
- 五百井女王

市原王は、この系図に示したような出生で、白壁（しらかべ）王（光仁天皇）と井上内親王（いのえの）（聖武天皇皇女）との間に生れた能登（のとの）内親王を室としていた。市原王は、篤く仏教を信じ、和歌をよくし、大伴宿禰家持とは親交があった。王は、皇后宮職の舎人の出身で、早くから写経所に関係していた。天平十八年四月、安宿（あすかべ）王の後をうけて玄蕃頭となり、備中守を兼ね、それ以来、金光明寺造物所に出向し、東大寺造営の最高責任者となり、勝宝六年までその任にあった。王は、篤信家かつ文人であったけれども、行政的手腕にはかけていた。造東大寺司知事となったのも、若年の今毛人が自由に活躍できるようにその後楯となるためであったと推量される。今毛人は、王のもとで縦横に手腕をふるうことができたが、それだけに彼の雙肩には、言語に絶する重圧がかかっていたわけである。

大仏鋳造の進捗

天平十九年から翌二十年にかけて、造営の事業、とくに大仏の鋳造は、大いに躍進した。一方では、造営の機構が整備され、他方では、今毛人・国君麻呂・高市大国以下役民にいたるまでの人びとの辛苦によって、事業はさしたる支障もなく進捗したのである。

天平十九年の中ごろには、大仏の骨柱も無事たてられたらしく、鋳造も九月二十九日から開始された。諸書の記するところでは、鋳造は八回にわたって遂行されたという(「大仏殿碑文」『延暦僧録』『東大寺要録』『扶桑略記』その他)。すなわち台座から始めて、膝部・腹部、そしてついには頭部というように、部分部分を鋳出しながら、しだいに上方に向って進められたのである。鋳造を行う前には、そのつど盛大な礼仏(らいぶつ)の法会が催された(『古文書』一〇ノ三三七)。『七大寺巡礼私記』は、大仏の鋳造は七回失敗し、八度目にやっと成功したという口伝を載せている。これは明らかに誤りである。高さ五丈三尺五寸といった途方もない巨像を一回で鋳出することは不可能であって、どうしても、幾度かにわけて鋳上げて行かねばならぬのである。

大仏鋳造に要した金属材料

国君麻呂や高市連大国らが世界に例をみない大仏の巨像をいかにして造りあげたかは、まことに興味ある問題である。さいわいに近年、この問題は、荒木宏氏らによって、かなりよく解明された（『技術者のみた奈良と鎌倉の大仏』）。荒木氏の研究に

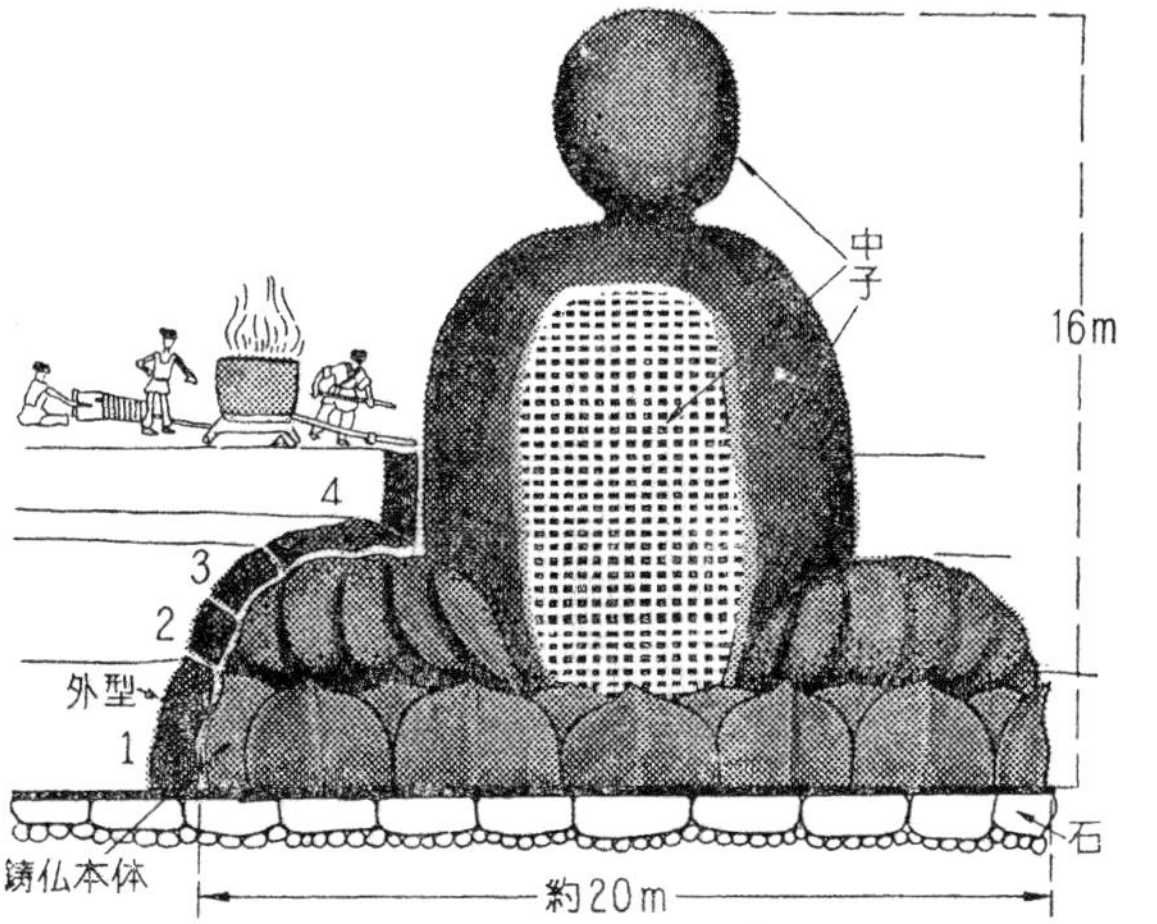

第7図　大仏鋳込の情況の想定図　（荒木宏氏による）

よると、大仏に用いられた金属の重量は、仏体で約二五〇トン、蓮華座で約一三〇トン、合計して三八〇トンほどであった。この金属の成分は、幾度にもわたって鋳造されたために均一ではないが、銅は九二―三、錫は一・五―二・五、鉛は〇・五―〇・六、砒素は二・九―三・一パーセントほどであった。鉛は鋳造性をよくし、美しい黒褐色の表皮をつくるために、また砒素は、熔解温度を下げ、鋳物を固くするために混入されたものである。しかし最も多量に要ったのは銅であり、三五〇トン以上の銅が調達されねばならなかった。これは、知識が寄付した雑多な銅製品を鋳潰し、一方では長門鋳銭司から銅を購入して調達したのである。仏師や鋳師の苦労もさることながら、資材調達の全責任を負った今毛人の苦心も、なみなみではなかったであろう。

塗金に要する黄金の量

天平二十年になると、関係者たちのつもる努力によって、大仏の鋳造も非常に進捗した。それにつれて大問題となったのは、盧舎那仏像に塗る多量の黄金をい

黄金調達の困難

かにして調達するかということであった。大仏の体表は、五、七四〇平方尺（五二七平方メートル）もあるから、アマルガム塗金に必要な水銀はともかく、黄金だけでも、約六〇キログラムを要したのである。大仏鋳造の計画の際に、黄金の問題がどれほど考慮されていたか、その辺の事情は不明である。そして天皇や諸兄は今さらこの問題にはいたく困惑したのである。そのためには、遣唐使の派遣すらが考えられたらしい。弘仁六年（八一五）に提出された宇佐神宮神主大神朝臣清麻呂の解状（『東大寺要録』巻第四）には、

……また黄金を買はんがために、まさに使を大唐に遣さんとす。すなはち、託宣あり、求むるところの黄金はまさにこの土に出でんとす、使者を遣すこと勿れ、と。ここに陸奥国、黄金を献ず。すなはち百廿両をもつて神宮に奉る。（原漢文）

とみえている。天皇も、天平勝宝元年四月の宣命で、

　衆人は成らじかと疑ひ、朕は金すくなけんと念ほし憂ひつゝあるに、……

と告白されている。

このころになると、人心はようやく東大寺の造営に倦みつかれ始めた。時もまた悪かった。数年来、地震が多く、飢饉は毎年のことであった。それによって天皇の心はますます仏道に傾き、大仏の奉造に焦りを覚えるのであった。勝宝元年一月十四日には、平城宮中島宮に大僧正行基を請じて、天皇は、皇后などとともに受戒された（『扶桑略記』『七大寺年表』など）。越えて二月二日、行基は、菅原寺において、八十年の生涯を閉じた。これは、造営事業に相当な打撃をあたえたことであろう。

人心の動揺

人心の動揺や政府の苦悩は、宇佐神宮の禰宜大神杜女に中央進出の好機をもたらした。彼女と大僧都行信との間には、なんらかの連絡があったと推測されるが、彼女は巧みな託宣を捏造して、藁にもすがりたい心境におられた天皇をあざむき、中央に勢力をえようとはかっていた。人心が不安となった結果、二月にはいると、しばしば匿名の投書が朝廷の路辺にみられるようになった（『続紀』）。

黄金産出の朗報

それで二月二十一日、天皇は詔を下して全官人と学生に自重を促されたが、その翌二十二日陸奥国から黄金が出たことを知らせる急使が都に到着した。この報告があたえた衝動は、まことに甚大であった。天皇以下、造営関係者の喜悦は、計りしれぬものがあったし、人心の動揺も、これによって一応おさまったのである。黄金の産出に関する一連の史実は、あまりにも有名であり、ここで述べたてる必要を認めない。ただこの陸奥産金を陸奥守従五位上百済王敬福や陸奥介従五位下佐伯宿禰全成などが演出した芝居ではないかとみる仮説（辻善之助『日本仏教史之研究』）について、一言述べておきたいとおもう。

黄金産出の実情

この場合、最初に念頭におかねばならぬのは、百済王敬福は、聖武天皇の寵臣中の寵臣であったこと、しかし彼は旧豪族派に属してはいなかったこと（「宝字元年七月四日紀」）、大伴・佐伯両氏が大仏の鋳造に積極的であったこと、佐伯宿禰全成は、彼の悲劇的な最後が語っているように（「宝字元年七月四日紀」）、いかにも武人らしい性格の人で、陰謀などを嫌っていたということである。彼ら両人は、天皇の苦悩や諸兄の困惑を知って、管内において砂金の産地を発見しようと大いに努めたことであろうが、しかしかような大芝居をうてるような人物ではなかった。彼らは、丈部大麻呂などに委嘱して、産金地を捜させ、それが図らずも成功したのであろう。

その時の産金地は、『延喜式』に、「小田郡一座 小 黄金山神社」と記載されている黄金山神社（宮城県遠田（とおだ）郡涌谷町黄金迫）の西に接した谷間である。現在、砂金はすべてとり尽されているが、小野田匡高氏（仙台鉱山監督局技師）がこの谷の土を分析した結果では、一トンにつき〇・七グラムの金と、一・五グラムの銀が含まれているという。渡辺万次郎氏（東北大学名誉教授）は、現地を調査した報告のなかで（『河北新報』昭和十年十二月二十七日号）、つぎのように述べている。

更に一つ興味あることは、黄金の宮から黄金迫のある谷が、朝鮮南部の砂金産地に極めて類した山相を持つていることである。史家の記している通り、当時は金の発見のために多くの人が辺境に派遣せられ、しかもそれには砂金に慣れた朝鮮渡来の民が選ばれ、黄金迫に関しても、国守の百済王敬福を始め、金の発見者丈部の大麿の従者朱牟須売・練金師戸浄山は何れも帰化人であつた。彼等がゆるやかな谷の底の田圃の中から砂利に混つて出て来る石英礫を見て、砂金の存在を想起したのは、その出生地の経験から見て然るべきであつた。

黄金山神社境内の仏堂址

昭和三十二年、伊東信雄氏は、涌谷町教育委員会（教育長太斎武雄氏）の招聘に応じて黄金山神社境内を発掘調査し、考古学の上から産金の事実を確証した（『天平産金遺跡』）。この境内に建っていた仏堂には、陸奥国分寺や多賀城出土のものに類似した瓦が葺かれていたし、また「天平……」という刻銘が誌された瓦製の宝珠の破片や丸瓦も発見されている。伊東氏は、

第８図　黄金山神社境内出土の文字瓦

おそらくこの谷間の奥の遺跡こそ産金を記念し、仏に感謝するために、国府の役人によって産金の現場に建てられた仏堂の跡であろう。との結論を下している。陸奥産金を虚構とみる辻善之助氏の見解は、とうてい承認されないものである。

四月一日、天皇は、東大寺に行幸して盧舎那仏像の前殿に御し、有名な宣命（せんみょう）を橘宿禰諸兄に読ましめられた。そして多数の官人――大仏の鋳造に多少とも関係したとおもわれる――に叙位の沙汰があった（『続紀』）。この時、大伴・佐伯両氏の氏人が目立って多く昇叙されたこと、参議という高官でありながら藤原朝臣仲麻呂が叙位にあずかっていないことは、とくに注意さるべきであろう。また造東大寺司の官人も、特に叙位の沙汰があり、今毛人も一挙に正六位上を授けられた（『古文書』二五ノ八八・一〇一・一一五）。

四月八日になると、大仏の脇侍（わきじ）の二菩薩像の製作も、着手された（『東大寺要録』巻第七）。ついで十五日に、天皇は、ふたたび東大寺に行幸し、諸兄に正一位を授け、藤原朝臣豊成を右大臣に任じられた（『続紀』）。そして国君麻呂など造物所の官人の位階も進められた。しかし豊成の弟の仲麻呂には、なんらの沙汰もなかった。二十三日には、陸奥国司からの急使によって、待望の黄金九百両（約三貫目）が都にとどいた。天皇は、年号を「天平感宝（てんぴょうかんぽう）」（略すれば、「天宝」と盛唐の年号と同じになる）とあらため（四月十四日）、閏五月二十日には、東大寺以下の五大寺に墾田地（こんでんち）百町をふくむ尨大な財物を施入された（角田「天平感宝元年聖武天皇勅書考証」『考古学論叢』一二）。しかし、六月下旬になると、天皇は譲位の志をいだいて薬師寺に遷られ、七月二日には、皇太子阿倍内親王が即位された（孝謙天皇）。これは、皇親や旧豪族たちにとっては、好ましい情報ではなかった。聖武天皇は、ますます仏道に帰依し、政治への関心を失って行かれた。孝謙天皇は即位されたけれども（三十二歳）、政治の実権は、皇太后（光明皇后）の掌握するところとなった。

おもいがけない黄金の産出によって、東大寺の造営は、とみに活気を呈するようになった。今毛人も、ひたすら大仏の完成を冀（こいねが）っておられる太上天皇（聖武）のため、いちだんと仕事に精励したことであろう。彼は、勝宝元年（おそらく四月下旬）に、大倭（やまとの）介（すけ）に昇任した（『古文書』三ノ三二〇）。もちろんこれは兼任で、造東大寺次官が本官であった。そして同年十二月二十七日には、従五位下に昇叙される恩典に浴した（『続紀』）。市原王がまだ従五位上にとどまっていたこと、またこの年の初めまだ従七位上であった今毛人が、七階もとんで従五位下に叙されたことをおもうと、いかに彼が熱心に仕事をしたか、さらにいかに大きな期待が彼に寄せられていたかがわかるのである。

今毛人の大倭介昇任

今毛人と写経業務

正倉院に現存する古文書は、大部分が写経関係のものである。これらを通覧する時、天平十八年いらい今毛人が写経関係の業務に関してだけでも、いかに多忙であったかが想像されるのである。しかし写経業務などは、彼に委ねられていた大きな任務の一端にすぎなかった。彼は、大仏の鋳像、伽藍の建築を中心とした雑多な業務を円滑に処置して行かねばならなかった。次官としての彼がどのように業務を遂行したかは、後にやや詳しく述べるが、ともかく彼を中心とした関係者の努力によって、勝宝元年いらい事業はかなりの速度をもって進んだようである。

大神杜女の策謀

その年の十月二十四日には、大仏の鋳造が完成し(『延暦僧録』第二・「大仏殿碑文」)、もっとも困難な問題は、解決された。これと前後して、つぎの難問題、つまり大仏殿の構築も、着手されたことであろう。十二月二十七日、宇佐八幡の禰宜尼の大神杜女(おおみわのもりめ)は、いよいよ都に乗りこんで来て、東大寺に詣でたが、この時には、天皇・太上天皇・

皇太后も東大寺に行幸し、百官および貴族たちも請じられ、五〇〇〇人の僧侶によって盛大な法会が営まれた（『続紀』）。

大仏殿の構築と大仏の仕上げ

勝宝二年（七五〇）から三年にかけては、もっぱら、大仏殿の建築と、仏躰の仕上げ、螺髪（らはつ）の鋳造、脇侍両菩薩の製作などに主力がそそがれた。世界一の木造建築を造るのであるから、大仏殿の建築は、技術的にも、至難をきわめたに相違ない。使用する木材の調達だけでも、大変なことであったとおもう。大仏殿の建築は、造大殿所（ぞうおうどのしょ）を現場事務所として行われた。益田縄手は、もっぱらここにあって指揮をとったのであろう。螺髪と一口にいっても、それは総数九六六個が必要であったし、一個の螺髪の大いさは、高さ一尺、径六寸であった（「大仏殿碑文」）。脇侍両菩薩像（塑像（そぞう））は、高さが三〇尺あった。どれひとつとっても、容易な仕事というものはなかった。

今毛人、正五位上に昇叙

一方、天皇・太上天皇・皇太后は、折にふれて当事者たちを激励し、事業の促進をはかっておられた。勝宝二年二月二十二日は、東大寺に行幸し、三五〇〇戸の封戸（下賜された課戸のことで、課戸から出す租・調・庸・仕丁が、その封のある国の国司を通じて封主に給与される）と二〇〇名の奴婢が施入された（『東大寺要録』巻第六、その他）。また同年十二月九日、天皇は、大納言藤原朝臣仲麻呂を東大寺に遣わし、従五位上市原王に正五位下、従五位下佐伯宿禰今毛人に正五位上、従五位下高市連大国に正五位下、外従五位下柿本小玉・高市連真麻呂に外従五位上を授けられた（『続紀』）。時に今毛人は、三十二歳であった。古くから写経や東大寺に関係していた市原王を抜いて、正五位上に昇叙されたのである。これは彼が造寺の直接の責任者であり、その任務に心血をそそいだためと推測される。市原王は、三年七月までは知事であった（『古文書』一一ノ八〇）。玄蕃頭に在職していた間は、ひき続き知事を兼ねていたようであるが、勝宝二年ごろには、部内では「長官」と呼ばれていた（たとえば『古文書』一一ノ一五八）。しかし依然として、業務の実際には関与していなかった。

市原王は、勝宝三年八月四日（『古文書』一二ノ四）から翌年四月八日までの間に、他の職

（おそらく治部大輔）に転補され、代って外従五位下秦忌寸首麻呂（はたのいみきおびとまろ）が玄蕃頭に就任した。その後の関係文書に、市原王は「知事」としてはもはや現われていないから、王は、他に転補された時に知事も辞したのかもしれない。しかしその後、勝宝七歳正月に今毛人が長官となるまで、他の何人も知事ないし長官であった形跡はみとめられない。四年四月九日における大仏開眼は、世紀の一大行事であったが、この行事に役をもったあまたの官人のなかに、当然期待される市原王の名がみえていない。これは単なる臆測にすぎないが、市原王は勝宝三年から同七歳ごろまで病床にあったのではなかろうか。そしてその間、形式的には、造東大寺司の知事であったと考えた方がよいとおもう。

造営の促進

勝宝三年一月十四日、孝謙天皇は、また東大寺に行幸し、木工寮の長上（現場監督）の神磯部（かむいそべの）国麻呂に外従五位下を授けられた（『続紀』）。この国麻呂は、木工寮から造大殿所または造講堂所に出向し、現場主任の一人として、木工たちを監督していたのであろう。四月には、インドからの帰化僧の菩提(ぼだい) Bodhisena が僧正に、良辨が少僧都に任じられた(『続紀』)。大僧都行信はまだ健在ではあったけれども(『古文書』二ノ三八五)、宇佐の大神杜女と危険な交渉をもっていたようである(勝宝六年十一月二十四日紀)。

十月になると、聖武太上天皇の病が伝えられた(『続紀』)。このため今毛人らは、事業の進行について、これまでにない督促をうけたことであろう。細部はともかく、大仏殿は、三年には、いちおう竣功したし、仏頭に螺髪をとりつける作業も完了し、いよいよ塗金も可能となってきた。翌四年二月十六日には、大仏の台座にとりつける蓮瓣の鋳造が(『七大寺巡礼私記』)、三月十四日には、大仏の塗金が開始され(「大仏殿碑文」『東大寺要録』巻第一)、開眼(かいげん)の日どりの見通しもついてきたのである。

勝宝四年四月九日の大仏開眼は、あまりにも有名である。委細は、『東大寺要録』巻第二にしるされ、ほとんどあますところがない。開眼師(かいげんし)の僧正菩提は、時に齢(よわい)いまだ四十九歳であった。菩提は、仏前に進み、筆をとって開眼したが、その筆には長い縄がつけられ、参集した大勢の官人・貴族がそれを手にし、一緒に開眼する形がとられた。これは、東大寺は、ほんらい知識寺であるという、建立の趣旨を貫くためであった。菩提に従って法会を執行した道璿（どうせん）は唐からの帰化僧であり、隆尊は、日本の僧であった。インド・中国・日本の僧を主として開眼供養が行われたことは、いかにも天平文化の性格をあらわしているといえよう。

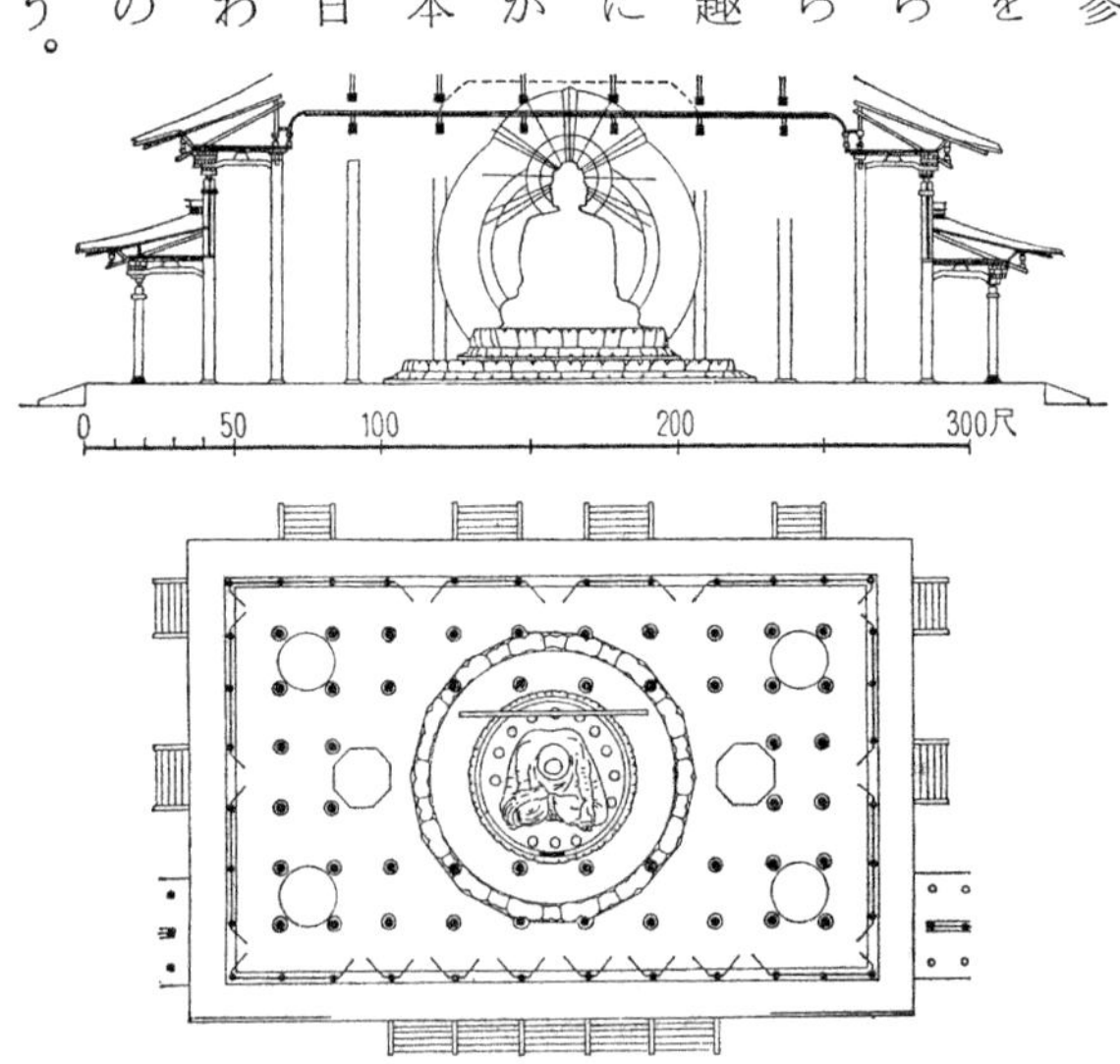

第9図　創建当初の東大寺大仏殿復原図

もともと大仏の開眼は、孝謙天皇自らが知識を代表して行われるはずであった。ところが三月二十一日になって、天皇は、勅書(『東大寺要録』巻第二)を菩提に下し、「四月八日をもつて斎を東大寺に設け、盧舎那仏を供養し、敬(うやうや)しく無辺の眼を開かんと欲す。朕、身疲弱にして起居に便ならず。それ朕に代つて筆を執るべし」と述べ、彼に代行を命じられた。

孝謙天皇の田村第滞留

この「身、疲れ弱くして起居に便ならざる」孝謙天皇は、四月九日、開眼会(かいげんえ)が終ると、そのまま大納言藤原仲麻呂の田村第(たむらのてい)に行幸され、そこを在所とされた。左大臣橘諸兄や右大臣藤原豊成などにとって、それはにがにがしいことであったであろう。夫君をもたない孝謙天皇(時に三十五歳)が仲麻呂(時に四十七歳)を寵愛されるのは、やむをえなかったであろう。しかし、仲麻呂の邸宅を在所とされたことは、いたく政局の不安を招いたし、たといその邸宅に仲麻呂の妻の袁比良(おひら)(藤原房前の娘)がいたとしても、醜聞を招いたに相違ない。このような政治の動向は、東大寺の造営にひたすら励んでいる今毛人の運命にもやがて関係してくるのである。

開眼会があったとはいえ、大仏の塗金は未完了であったし、光背にいたっては、まだ着工したばかりであった。大仏殿や南中門はいちおう竣功しただけであり、廻廊なども全くできていなかった。しかし開眼があった以上は、これを機会に造東大寺司の関係者一同に叙位または相当な施物があってしかるべきであった。施物のことは不明であるが、叙位は全く行われなかった。東大寺にこれまで関係しなかった仲麻呂は、おそらく天皇にその不必要を説いたのであろう。

五　春日野

春日野の聖地化

嫩草(わかくさ)山の麓から展開する台地状の春日野は、平城京の人びとにとって、こよない行楽の地であった。この台地の一端には、藤原氏の氏寺である山階寺(やましなでら)がつとに移建され、興福寺と名をあらためて輪奐(りんかん)の美を誇っていた。

天平十八年いらい、春日野の北辺では突如として大規模な工事が開始され、数年にして世界に比肩するもののない大伽藍が甍(いらか)高く聳えるにいたった。平城京の人びとは、嫩草山にだかれるような形で聳えたつ東大寺の威容を驚異と崇敬の念をもって眺めたことであろう。行楽の地――春日野――は、仏道の聖地、この世の楽土と化した。しかしこの聖地にも、平城宮をめぐる大貴族たちの葛藤や抗争は、底流としてもちこまれていたのである。

造東大寺司の所在地

東大寺を造営し、これを育成する任務を帯びていた官司は、すなわち造東大寺司であり、それは太政官直属の独立官庁であった。現在、造東大寺司の遺址は明らかでないが、その名は、雑司町の名で遺っており、位置に関して大体の見当はつくのである。すなわち、一条南大路をまっすぐに東に行くと、東大寺の西北大門（佐保路門（さほじもん）、現在は転害門（てがいもん））につきあたる。この門をはいって左手の地域で、正倉院までの間に造東大寺司の建物があったと推定されるのである。これから臆測すると、十一年間にわたって右の官司に勤めた今毛人の自宅は、左京一条七坊に、つまり役所に最も近い市街地の、佐保川のほとりの辺にあったのかもしれない。

造東大寺司の幹部

天平勝宝四年（七五二）四月の開眼会を無事に過して、次官の今毛人は一息ついたであろうが、今後に残された仕事の量は、大変なものであった。塔や廻廊の建築、大仏の光背の造作など、さまざまなむつかしい仕事がとり残されていたのである。これらを成就する任務を負うていた造東大寺司の幹部は、勝宝四年四月には、左のような人びとであった（『古文書』三ノ五七六、同一二ノ二七一―二・二八八・三四六）。

次官　正五位上佐伯宿禰今毛人（兼下総員外介）

判官　正六位上大蔵（おおくら）伊美吉万里（まり）（勲十二等）

　　　正六位上石川朝臣豊麻呂

　　　正六位下上毛野君真人

　　　従六位下阿倍朝臣真道

主典　正七位下美努連（みぬのむらじ）（名不明）

　　　従七位上阿刀連酒主

　　　従七位下美努連奥麻呂

　　　従七位下紀朝臣池主（いけぬし）

まことに堂々たる陣容である。名儀上の知事は、やはり市原王であったのであろう。今毛人がいつ大倭介の兼官を解かれ、下総国の定員以外の次官、すなわち員外介を兼ねたのかは明瞭でない。おそらくそれは、勝宝四年の前半のことであろう(『古文書』一一ノ四四九、同一二ノ三九)。

判官のうち、今毛人の片腕となっていたのは、大蔵万里(麻呂とも書く。万葉歌人)であったらしい。石川豊麻呂・上毛野真人・阿刀酒主などは、今毛人にとっては、あまり信用できない人びとであったようである。前に主典の任にあった葛井連根道(ふじいのむらじねみち)は、勝宝三年ごろ、一時的ではあるが、他に転出していた。

造東大寺司の増員

造東大寺司の定員が判官四名、主典四名に増強されたのは、勝宝三年(ただし九月以前)であった(『古文書』三ノ五五六、同一二ノ一七五)。この官司の任務は、もとより東大寺の造営にあったけれども、しだいにそれは、官寺の造営全般に関与する造寺省のような性格をおびるようになった。当時の諸大寺が政治に対してもつ発言権は相当なものがあった。それだけに、諸大寺に関係の深い造東大寺司は、政治的にも重要となり、その長官は、要職のひとつとなって行くのである。

今毛人が主宰した勝宝四―八年ごろの造東大寺司の業務は、多方面にわたっていた。古くからの伝統をもった写経所（写書所ともいわれた）は、ひきつづいて写経の書写に従事していた。これは造東大寺司の管轄ではあっても、東大寺だけのため写経するのではなく、内裏や官の諸寺の経論を写す官立写経所の性格を帯びていた。またその経堂（きょうどう）には、尨大な経巻が所蔵されていた。次官の今毛人は、写経所の経理を決裁（毎月一日に太政官に経理を報告する）したばかりでなく、写経所が写す原本を他から借用し、経堂の経論を他に貸出し、あるいは内裏その他で必要な経論を他から借りうけるといった業務まで自ら処理せねばならなかった。

例えば、勝宝四年五月二十三日、興福寺の僧慈訓（じきん）（のちの少僧都）は、経十二巻の借用を写経所に依頼したが、今毛人は朱筆で署名し、これを許可している（『古文書』一二ノ二九八・二九九）。彼が署名したこの種の文書は、数多く残存している。また勝宝三年六月八日、板（いた）野命婦（ののみょうぶ）（五位以上の婦人を命婦というが、彼女は阿波国板野郡の釆女の出身であった）と呼ばれていた従五位下粟直若子が内裏からの命令として『薬師経』百巻、それがなければ『観音経』を宅西堂（所在不明）より借りるよう今毛人に告げた。そこで今毛人は、朱筆をもってただちに命令をしたため、写経所にこれを取り計らわせている（『古文書』一二ノ一）（口絵参照）。今毛人は、気軽に筆をとり、走り書き風の書体で写経所に命令を伝えることが多かった。勝宝六年四月二十二日の「政所符（まんどころのふ）」、つまり造東大寺司事務所が写経所に下した文書なども、今毛人の自筆である。ここでは、写書所（写経所）の所領（主任）の呉原生人（くれはらのいくひと）（姓は伊美吉）宛で、筆七本と墨一六挺を使の飽田史石足（あくたのふびといわたり）にもたせてやる旨がしたためられている（『古文書』一三ノ一九）（二五二ページ挿図参照）。時としては、今毛人自らが――ついでの折ではあろうが――内裏に経巻を借りに赴いている（『古文書』一三ノ一九四）。

けれども、写経関係の業務などは、彼に負わされていた大きな任務の一端にすぎなかった。彼にとって当面の大きな課題は、㈠東大寺の伽藍の完成と、㈡財政の確立であった。㈠については、必要に応じて「所」を設け、所領や長上のもとに、工匠・役民・傭夫などを配して仕事を進行せしめた。造講堂所・造大殿所・造瓦所・染藹纈所(せんろうけちしょ)などは、その例である。材木を切り出す甲賀の杣山(そまやま)には、山作所(やまづくりしょ)がおかれ、史生ないし舎人級の者が所領に補されていた。造物所(後に造仏司に昇格)の場合だけは、その長が大夫(たいふ)(五位の官人、国中連公麻呂は、従五位上)であるために、長官とよばれていた。

この造物所は、勝宝三年九月二十三日に、大仏の脇侍両菩薩の巨像を完成したが(『七大寺巡礼私記』)、左(東)の観音菩薩像は尼信勝(坂田寺)、右の虚空蔵菩薩像は尼善光(大倭法華寺)の勧進によるものであった(『東大寺要録』巻第一)。その後、造物所は、東大寺・法華寺に納置する諸像やその荘厳具の製作にかかっていたが、勝宝七歳十一月二十一日には、講堂の本尊千手観音菩薩像(金銅、高さ二丈五尺)の製作に着手したの

第10図　東大寺造大殿所の印
(天平宝字三年六月廿八日の文書に使用)

であった（『東大寺要録』巻第四）。

西塔と講堂の完成

勝宝五年一月十五日、亭々たる七重の西塔が完成した（「銅板銘」）。そこで今毛人は、講堂の建築計画を立て、甲賀郡の山作所に用材の伐り出しを命じた（『古文書』三ノ六一七）。しかし講堂の建築は、なかなか捗らなかった。その理由のひとつは、その間に、戒壇院（六年五月着工、七歳十月竣功）や唐禅院（七歳に竣功）などの造営が、予定以外の仕事としてはさまれたからである。講堂の建築は、勝宝七歳ごろにいたって、ほぼ完成したようである（『古文書』一三ノ一五七）。

廻廊造営の難関

こうして後にのこる計画は、廻廊と東塔の造営ばかりとなった。廻廊の建築は、非常に長びいたが、これはおもに財政上の理由によるものであったらしい。そのため勝宝八歳六月二十二日には、六道の諸国が費用を出し、明年五月二日の聖武天皇の周忌までには、かならずその造営をすますようにとの勅が下された（『続紀』）。翌年三月には、荘厳の施工のみが残るような状態であったから（『古文書』四ノ二二三）、廻廊の建築も、五月二日までには完成したのであろう。

天平宝字元年（七五七）七月、正四位下右大辨橘宿禰奈良麻呂が捕えられ、訊問された時、彼は、紫微内相藤原仲麻呂の失政のひとつとして、「東大寺を造ること、人民苦辛し、氏々の人らもまたこれを憂ひとなす」旨をあげている。訊問者は、これに対して、「寺を造ることは、はじめ汝が父の時より起れり」と反論したところ、奈良麻呂は言葉に窮して屈服したと伝えられている（『続紀』）。

造営方針の変化

あえて奈良麻呂の弁護をするわけではないが、奈良麻呂といえども、父の橘諸兄が東大寺の建立に指導的役割を演じたこと、またその事業計画が国家財政を傾けるような結果を将来したことを熟知していたはずである。その彼があえて上のような言辞を述べたところには、別の意味があったとおもう。彼が指摘しようと欲したのは、東大寺の造営に関する方針が諸兄のころと仲麻呂のころと異なることではなかったのであろうか。つまり諸兄の時代には、行基や諸国司を通じての啓蒙運動がさかんで、地方豪族は進んで浄財をよせ、人民はよろこんで労役を奉仕した。ところが仲麻呂の時代になると、知識寺としての性格がぼやけ、官寺としての性格が露骨となり、莫大な国費を支出し、人民を誅求したり、強制的に雇役させるにいたった。この仲麻呂の造営方針を奈良麻呂は衝いたものと推定するのである。人びとが永年の造営事業に倦み疲れたことは事実であり、官営にきりかえねば、事業の成就は望めなかったであろう。仲麻呂の方針にも、然るべき理由があったわけであるが、それが諸兄の時代の方針と相違していたことは、事実として認めねばならぬであろう。少なくとも、人民を啓発し、彼らに参与をもとめる努力は、仲麻呂時代には、ほとんど払われていなかった。

多数の知識の協力

『造寺材木知識記』（『東大寺要録』巻第二）は、東大寺の造営に対してなされた知識たちの寄付や労力奉仕を記し、かつ多額の寄付者の氏名を録したものである。これには、左のようにしるされている。

材木知識　五万一千五百九十人
役夫　一百六十六万五千七十一人
金知識人　卅七万二千七十五人
役夫　五十一万四千九百二人

「材木知識」は、建築資材のために寄付した人びと、「金知識」は、大仏を造る銅や黄金の資金を出した人びとのことである。「役夫云々」は、伽藍の建築や大仏の鋳造に労力奉仕した者の延人員数である。

多額寄付者としては、一〇名の地方豪族の名があげられている。彼らは、多額の寄付をした代りに、位を授けられ、それに応じて、彼らにゆるされる墾田の面積も、ひろげられたのである。しかし全体からいえば、多額寄付者の数はいたって少なく、「一枝の草、一把の土を持つて像を造らんことを助け願う」(天平十五年十月の大仏奉造の詔)といった一般人民の零細な喜捨や奉仕が圧倒的に多いのである。そしてこうした人民の協賛がさかんであったのは、天平十五年（七四三）ごろから勝宝五年（七五三）ごろまでの期間であったのである。

むろん勝宝五年以前にあっても、造営費は人民の喜捨や奉仕でまかないえたのではなかった。しかし勝宝五年いらい造営費は膨張し、人民の負担は倍加したものと考えられる。この尨大な造営費は、政府の定額の収入や大倭国の正税稲ではまかないきれぬから、太政官は諸国司に臨時の舂米や交易雑物（正税で買い上げた各種の品物）の貢納を命じた。この結果、諸国における正税稲の蓄積は減少し、財政が困難になるので、国司は出挙の額を増大し、それによって人民に非常な苦しみを与えたのである。

国家支出の造営費

造東大寺司は、種類に応じて大蔵省・主税寮・主計寮から造営費を受領し、封戸からの収入を検納し、毎月、決算報告書を太政官に提出した。一方、造東大寺司は、喜捨された品物の処理、労役奉仕者・優婆塞・優婆夷・仕丁などの配置、

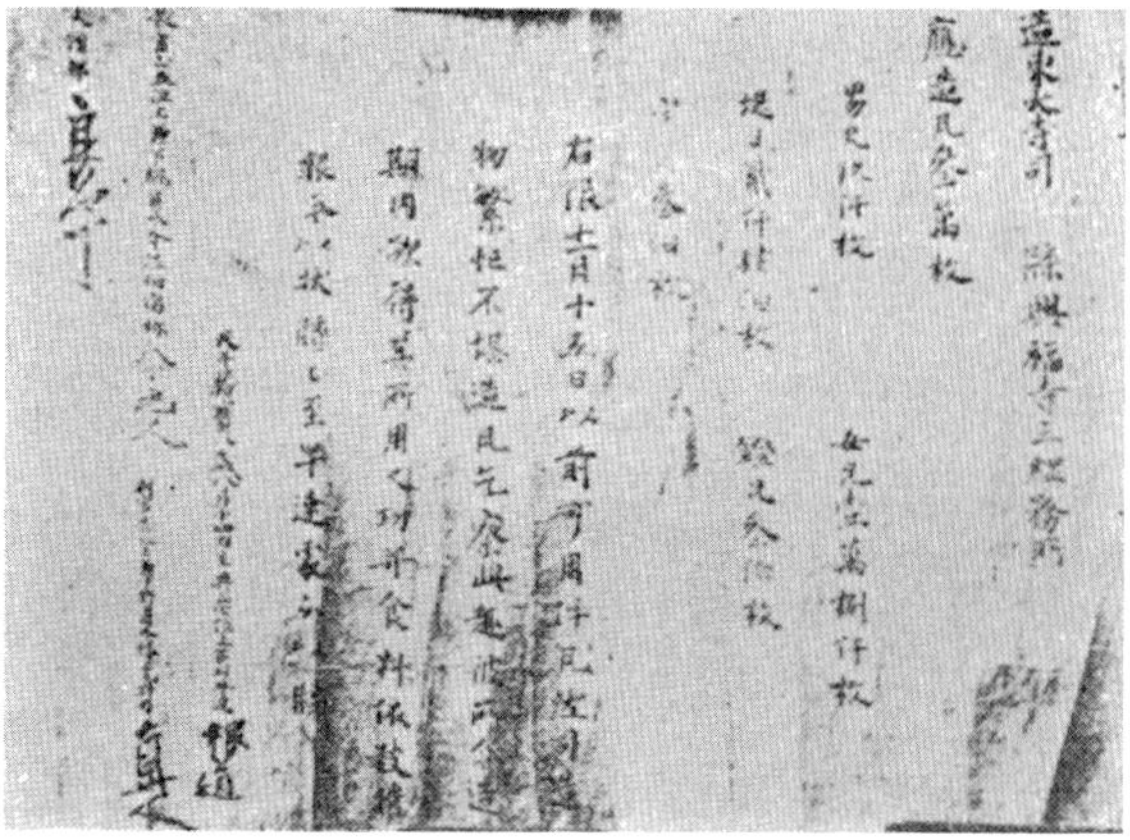

第11図　造東大寺司牒（正倉院文書）
（良辨・今毛人・根道・上毛野真人の署名）

徭役者・傭工・傭夫の手配、建築や造像に要する材料の調達といった繁忙な事務を遂行しながら、建築・造像・写経のような事業を進め、さらに荘園の開発にも大きな精力をそそいでいたのである。

今毛人は、これら一切の業務をこまごまと検閲したばかりでなく、絶えず内裏（だいり）や太政官に赴き（『古文書』三ノ四〇三）、指示を仰いだり、請願や折衝を行わなければならなかった。

造東大寺司が、いかに忙しく、ま

た活潑に事業を遂行していたかを示す史料は、多数のこされている。第一一図は、勝宝八歳八月の「造東大寺司牒」である。ここで造東大寺司は、造物に忙しくて製造する余裕がないから、宇瓦（のきひらがわら）・鐙瓦（のきまるがわら）・堤瓦（つつみがわら）・男瓦（お）（丸瓦）・女瓦（め）（平瓦）を十一月十五日までに造ってくれるよう、そして工匠に与える賃銀と食糧とを報告してくれるよう興福寺に依頼している。この文書には、今毛人のほか、良辨・上毛野真人・葛井根道の自署がみえる。根道は、すでに勝宝六年に、造東大寺司にまいもどって、主典の任にあったのである（『古文書』三ノ一二）。

また口絵二の下段は、造東大寺司が大仏に塗るため東大寺に保管してある砂金のうち、二、〇一六両の下附を請うた文書である（『古文書』四ノ一八七）。すなわち、内供奉堅子（ないぐぶのじゅし）の巨万（こまの）朝臣福信（ふくしん）を通じて伺いをたて、天皇の裁可をえたのち、今毛人・紀池主・福信・葛木戸主（かつらぎのへぬし）の立会でこれを造物所に渡したことが記されている。『正倉院文書』をみると、今毛人が関与し、裁決した業務の種類と量があまりにも多いこと

造東大寺司沙金奉請文　正倉院御物

沙金弐仟壱拾陸両　有二東大寺一。

右、造寺司所レ請如レ件。

天平勝宝九歳正月十八日

巨万朝臣　福信

宜

（以下異筆）

以二同月廿一日一依レ数下。

長官佐伯宿禰　今毛人　　判官紀朝臣　池主

竪子巨万朝臣　福　信　　葛木連　戸主

【語釈】竪子は、内供奉竪子のことである。○内供奉とは、天皇の側近に奉仕する意味。則天武后は、内供奉という官をおいたが、それにならって唐風の好きな仲麻呂が奏しておいたもの。

○竪子は、内竪と同義で「ちひさわらは」とも訓むが、ここでは侍従の意味。巨万福信は、紫微中台の少弼で、竪子を兼ねていたのである。○葛木戸主は、和気清麻呂の姉の広虫の夫で、当時は紫微少忠であった。

【釈文】

造東大寺司が砂金を請い奉る文書

砂金二千十六両（六貫七一五・八匁） 東大寺に置いてある。

右のように、造寺司が請うている。

天平勝宝九歳正月十八日

巨万（こまの）朝臣 福信（ふくしん）

宜（よろ）しい（孝謙天皇自筆）

（以下異筆）

同月廿一日、記された数量通り、与え下した。

造東大寺司長官佐伯宿禰 今毛人

竪子（じゅし）巨万朝臣 福信

造東大寺司判官紀朝臣 池主

葛木連（かつらぎの） 戸主（へぬし）

に、愕きを覚えるのである。

右の「沙金奉請文」には、砂金が東大寺にあったことが記載されている。『雙倉北雑物出用帳』によると（『古文書』四／一八七）、この砂金が東大寺の雙倉（現在の正倉院勅封蔵）のうちの北倉に収蔵されていたことは、疑いがない。この雙倉は、勝宝八歳六月二十一日から勅封となり、造東大寺司の所管となっていたのである。

当時の文献には、「東大寺に施入す」といった記事が散見している。誤解してならぬのは、これらの金銭・品物・不動産などは、ひとまず造東大寺司の所管となり、適当な機会に東大寺に移されたのである。『東大寺献物帳』に記載された聖武天皇の遺愛品をはじめとする、いわゆる「正倉院御物」は、ついに東大寺に移管されることなく、今日にいたっているのである。

施入された財産のうちでも、封戸は、現地の国司が事務を処理してくれるので、とり扱いは簡単であった。したがって封戸の移管の方は、勝宝四年五月一日、良辨が東大寺別当に補任されてから（『東大寺要録』巻第五）、つまり東大寺が造寺司の手をはなれて真に独立しはじめた時から開始されたのである（『古文書』三ノ五八七・五八九）。厄介（やっかい）なのは、実は墾田地の開発であった。というのは、東大寺にひき渡すためには、造寺司は、その土地を開墾して田となし、そこからの稲がなめらかに納入されるまでの工作を施さねばならなかったからである。

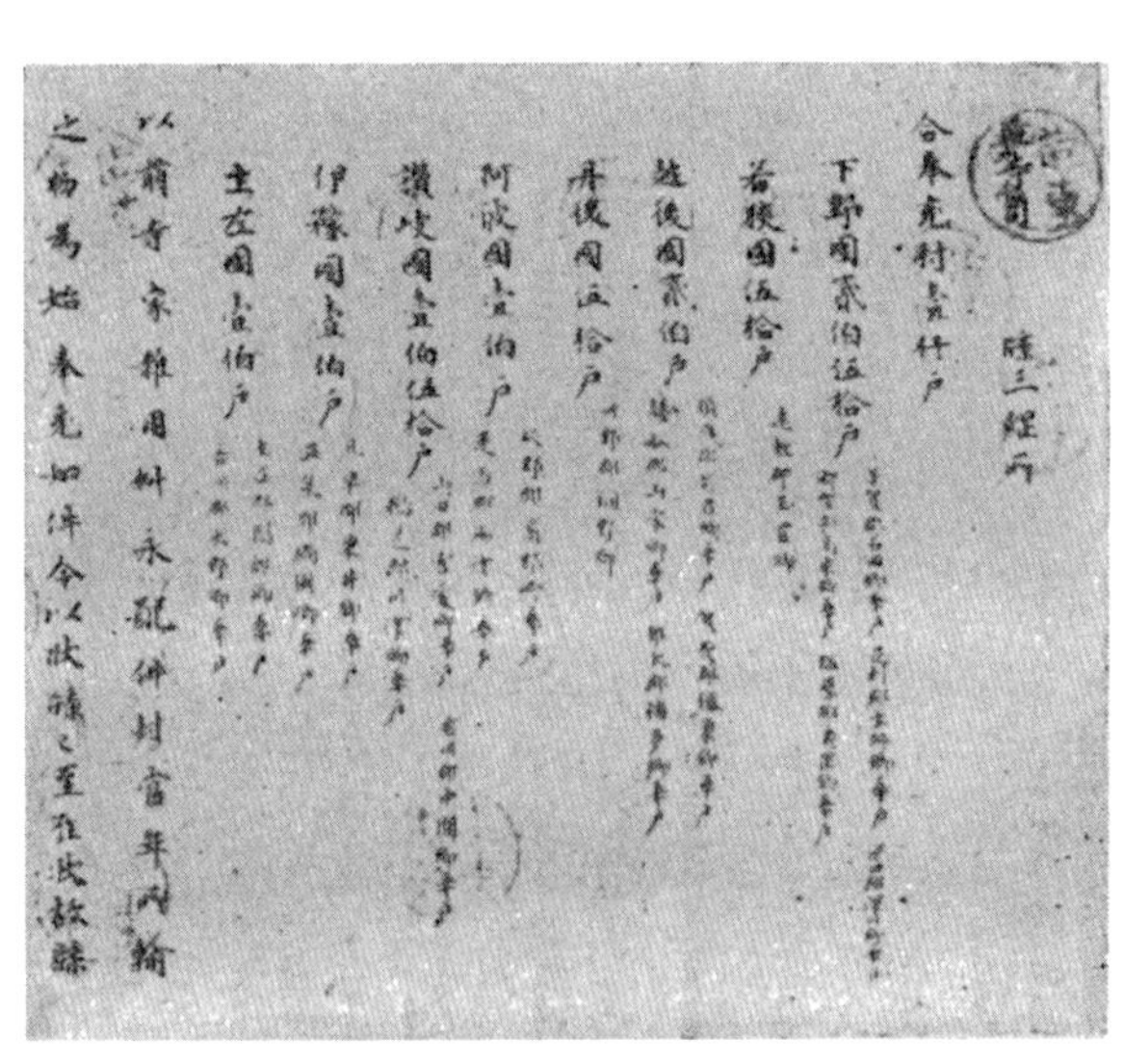

牒三綱所
合奉充封壹仟戸
下野国弐伯伍拾戸
若狭国伍拾戸
越後国弐伯戸
丹後国伍拾戸
阿波国壹伯戸
讃岐国壹伯伍拾戸
伊豫国壹伯戸
土左国壹伯戸
以前寺家雑用料永配件封当年内輸
之物為始奉充如件今以状牒之至在此故牒

司　牒　（天地 27.3 cm）（『東大寺東南院文書』）

天平感宝元年閏五月、聖武天皇は、大安寺以下の五大寺に、墾田地各百町を施入された（『続紀』）。この時、大安寺は近江国でその墾田地を給与されたが、東大寺は、越前国の足羽郡・坂井郡・丹生郡において墾田地を給され（『古文書』五ノ五六二・五七四）、ここに東大寺と越前国との宿命的な関係がはじまったのである。

第12図　造東大寺

越前から平城への運輸の問題

越前国（福井県北部）というと、平城京にほど遠い感じがするけれども、都への米穀の運進は、予想するほど困難ではなかったのである。すなわち、越前平野でとれた米は、九頭龍川(くずりゅう)の河口の三国湊(みくにのみなと)（宝亀九年九月二十一日紀参照。現在は坂井郡三国町）に集荷され、そこから船で敦賀(つるが)に運ばれる。ついで駄馬によって北陸道をすすみ、愛発関(あらちのせき)を越えて、近江国浅井郡の塩津郷(しおずのごう)につき、船で琵琶湖を縦断して滋賀郡の粟津市(あわずのいち)にいたり、瀬田川をくだり、石山寺の前を通って山背国(やましろ)の宇治にで、そこから陸路または水路（木津川）によって木津に到着する。木津から奈良山をひとまたぎすれば、平城京なのである。つまり越前平野からの米の運進は、水路にめぐまれているため、割合に容易なのである。

古代における越前平野の景観

ところで東大寺は、今日の越前平野（もとの足羽郡・坂井郡・丹生郡）に墾田地百町を給付されたのであったが、当時の景観は、現在とは全く異なっていた。越前平野は、洪積世においては、「福井湾」ともいうべき江湾の海底であった。沖積世になってからこの湾は、土砂のため浅くなり、天平時代には一面の沼沢地（葦原(あわら)）と化していた。東大寺も、ずいぶんひどい墾田地を受けたものであるが、太政官は、造東大寺司という強力な機関を考慮にいれてこの土地を割りあて、造東大寺司に越前平野の開発を命じたものとおもう。

著者は昭和二十七年に、東大寺領の足羽郡糞置庄（『古文書』四ノ三九三、同五ノ六一六）を発掘調査し、この地が沼沢地であったこと、そこでは大規模な干拓事業が行われたことを確認した（『日本考古学講座』6）。したがって、ただでさえ「造物に繁忙な」造東大寺司にとっては、越前平野の開発事業は、大変な負担となったことと推察される。

越前における田地の開発

そのころ、造東大寺司には、史生として大初位上生江臣東人（『古文書』五ノ五四三）、写経所の舎人として安都宿禰雄足（『古文書』一〇ノ二七七）などがいた。東人は、越前国足羽郡の豪族の出身であった。そこで次官の今毛人は、東人や東大寺の僧平栄などをもって野占使となし、諸所に給付された墾田地の境界を限定せしめた（『古文書』五ノ五四三・五六二・五七四）。ついで民部省や越前国と交渉して、東人を足羽郡の大領（『古文書』四ノ五八）、雄足を越前国史生となし（『古文書』四ノ二九）、本部からは判官の上毛野君、主典の美努連奥麻呂、後には算師（測量技師）の凡直判麻呂（おおちのあたいわけまろ）、主典の葛井連（ふじいの）根道などを随時に田使・検田使として現地につかわし、強力に開発事業をおし進めたのである。その時分に今毛人も、次官としての責任上、越前国に出張して現地を見廻ったこととおもう。あたかも越前国府（福井県武生市幸町）には、大伴宿禰池主（『万葉集』巻一七）や同じく大伴宿禰潔足（きよたり）（『古文書』五ノ五六二）がいたから、その場合には、今毛人は大いに彼らと交歓したことであろう。

藤原仲麻呂の触手

越前国の東大寺領については、ここで詳説する必要はないのであるが、一言ふれておきたいのは、藤原仲麻呂が、越前国に大きな影響力をもつ造東大寺司にその触手を伸ばしてきたことである。近江国は、古くから藤原氏の地盤であった上に、仲麻呂は、天平十七年いらい近江守を兼ね、絶対にこの兼官を手ばなさないで近江国に勢力を培（つちか）ってきたのである。近江国を足場として勢力を伸ばそうとする時、政治的・経済的・軍事的に有利なのは、美濃国ではなく、越前国であったのである。万葉歌人で、純情な心のもち主であった大伴池主は勝宝五年の初めまで越前国の掾（じょう）として現地にいたようである（『万葉集』巻二〇ノ四二九五）。おそらく彼は、仲麻呂が造東大寺司の判官（上毛野真人・石川豊麻呂）や主典（葛井根道）、あるいは部下の史生（安都雄足）などを籠絡している実情を目撃し、慨歎の想いに堪えなかったであろう。

仲麻呂の栄進

いったい藤原朝臣仲麻呂の急速な昇進は、主として父の武智麻呂（不比等の長男で藤原氏の嫡流、大納言）の遺勲によるものである。聖武天皇は、兄の豊成には眼をかけられていたが、この聡明ではあるが策士肌の仲麻呂には、特別の好意を抱いてはおられなかった。そこで彼と妻の袁比良（おひら）（尚侍として後宮に勢力があった。光明皇后の姪にあたる）は、叔母の光明皇后にとりいり、叔母が生んだ阿倍内親王を皇位につける運動に奏功して、光明皇后と孝謙天皇（阿倍内親王）から非常な信任をえたのであった。

天平感宝元年（天平勝宝元年）（七四九）に聖武天皇が譲位され、皇太后（光明皇后）が政治の実権を掌握されると、彼の勢力は急激に増大した。同年九月には、皇后宮職を発展解消して紫微中台（しびちゅうだい）をおき、自らその令（りょう）（長官）となり、中衛（ちゅうえの）大将を兼ね、左大臣橘諸兄や兄の右大臣豊成が主座となっている太政官を骨抜きにしようとかかったのである。『続日本紀』（宝字八年九月十八日条）は、彼について、「枢機の政、ひとりその掌握より出づ。これによつて豪宗右族（豪族や名門のこと）、みなその勢を妬む」（原漢文）と記している。彼の勢力が決定的となったのは、勝宝四年（七五二）四月、孝謙天皇が大仏開眼会をすませたのち、彼の田村第に行幸し、これを在所とされてからのことであった。

仲麻呂派と反仲麻呂派

仲麻呂の急激な昇進と強大な権勢は、中央貴族のあいだに、おのずから彼に追随する一派と、反感をいだく一派とを生ぜしめた。反対派の領袖は、橘奈良麻呂であった。しかしそれは、かならずしも藤原氏対皇親・旧豪族といった対立ではなかった。藤原氏のうちでも、式家の人びと（良継・蔵下麻呂）、南家の豊成、北家の八束（後に真楯と改名）などは、反仲麻呂的であったし、一方、佐伯氏の代表的存在であった佐伯宿禰毛人（正五位上、紫微大忠）は、仲麻呂派の有力な構成員であった（天平神護元年正月紀）。

勝宝四年ごろからこのような政治的対立は、さらに激化した。佐伯宿禰今毛人は、その実直な人柄からいっても、この険悪な気流にはまきこまれず、ひたすら東大寺の造営にはげんでいたことであろう。それに少なくとも、勝宝年間における仲麻呂の施政には、見るべきものが多かったのである。東大寺の造営事業が官営化したのは事実であるにしても、永年にわたるこの事業は、官営的性格を強めて遂行せねば、成就し難い段階にたち至っていたといえよう。仲麻呂は、個人的にも写経所と密接な関係をむすんでいたし（『古文書』三ノ五四七・五八四・六四一・六四四、同四ノ九五、その他）、また米一千斛（百石）その他を施入したこともあった（勝宝八歳十二月紀）。仲麻呂の意図が奈辺にあったかはともかくとして、彼と今毛人との関係は、勝宝八歳ごろまでは、むしろ円滑であったようにおもわれる。

鑑真と今毛人

勝宝六年における正月早々の大きな出来事は、遣唐副使大伴宿禰古麻呂が唐僧鑑真の一行を伴って帰朝したことである（『続紀』）。二月四日、鑑真らは、左大臣以下百官の奉迎のうちに平城京に入り、東大寺におちついた（『唐大和上東征伝』）。四月五日には、太上天皇は、天皇・皇太后とともに、鑑真について東大寺で菩薩戒をうけられた（『東大寺要録』巻第一）。そして五月には、佐伯今毛人は、良辨と同道して内裏におもむき、鑑真が将来した如来舎利二千粒から書蹟にいたるまでの数々の品を献上した（『東大寺要録』巻第一）。朝廷が今毛人を使者として、鑑真以下の入朝の唐僧に多量の絁や麻布を贈ったのは（『東大寺要録』巻第四）、この時のことであったであろう。今毛人は、次官として鑑真一行を接待したばかりでなく、戒壇院や唐禅院の建立という新たな任務をすら授けられたのであった。さらに翌六月十九日に太皇太后（藤原宮子、聖武帝生母）が崩御すると、今毛人は、土建事業の専門家として造山司の一人に加えられ、陵墓の築造に参与したのであった（『続紀』）。

今毛人の長官昇格

永年にわたる造東大寺の功績によって、今毛人の長官昇格は、衆目のみるところであり、もはや時間の問題であった。しかし彼がいつ長官に任命されたかは、詳かにはわかっていない。勝宝六年十二月三十日において、彼はまだ次官であり（『古文書』一三ノ一四）、翌年一月二十五日にはすでに長官であったところをみると（『古文書』一三ノ一四）、長官への昇格は、一月二十日前後でなかったかとおもう。これまで知事をもってことをすませてきた造東大寺司は、ここに初代長官を迎えたのである。おそらくこの時、判官大蔵伊美吉万里（麻呂）の次官昇格、主典紀朝臣池主の判官昇格も発令されたのであろう。こうして、勝宝七歳の二月ごろ、造東大寺司は、つぎのような構成となったのである。

長官　正五位上佐伯宿禰今毛人（兼下総員外介）
次官　外従五位下大蔵伊美吉万里（勲十二等）
判官　正六位上石川朝臣豊麻呂
　　　正六位上上毛野君真人（兼下野員外掾）
　　　正六位上河内画師祖足
　　　正六位上紀朝臣池主

主典　正七位上美努連奥麻呂
　　正七位上葛井連根道
　　正七位上阿刀連酒主

右のような幹部をひきいて、今毛人は、東大寺の仕上げにむかって精魂をかたむけ、とくに講堂・廻廊・東塔などの完成に努めたのであった。ところがこの完成を誰よりも冀（こいねが）っておられた聖武太上天皇は、この年（勝宝七歳）の十月ごろからいたく健康を害された。あらゆることに失望した左大臣の橘諸兄は、老齢（七十三歳）を理由として、翌年二月に辞任した（『続紀』）。このころ、太上天皇の健康は、一時的に小康をえたが、四月にはまた病状が悪化し、五月二日、遺詔して道祖王（ふなどの）を皇太子となして崩御された（『続紀』）。仲麻呂一派と反対派との対立は、ますます尖鋭化するばかりとなった。翌三日、今毛人も、山作司（やまつくりのつかさ）の一人に任命されたが（『続紀』）、十数年にわたってその愛寵と信任を蒙った今毛人の人間的な悲しみは、痛切なものがあったことであろう。

東大寺廻廊の竣功

『延暦僧録』(『東大寺要録』巻第一、所引)の伝えるところによると、そのころ、皇太后は良辨と今毛人を喚ばれ、明年五月二日の太上天皇の忌日までに、ぜひとも東大寺を完成するよう命じられたという。これは、前にのべたように、廻廊を完成せよとの命名であった。そこで今毛人は、官人以下の造営関係者を督励し、廻廊の建築と大仏の塗金を促進した。そして期日までにこれらは完成し、勝宝九歳(天平宝字元年)五月二日には、太上天皇の周忌は、僧一五〇〇余人を請じて盛大に営まれたのであった(『続紀』)。越えて五日、今毛人は従四位下に昇叙されたが、同じ日に大工の益田縄手も、外従五位下に叙された(『続紀』)。東塔は建築中であったにせよ、東大寺の主要部は、廻廊の竣功によって完成したと認めらるべきであった。右の昇叙は、その論功行賞にほかならないのである。

仲麻呂の野望

造東大寺司と藤原仲麻呂との関係については、岸俊男氏の研究がすでに公けにされており（『ヒストリア』第一五号）、ここに述べる必要もないほどである。仲麻呂が実直な今毛人やその女房役たる大蔵万里を他に転出せしめたのは、造東大寺司を完全に自家薬籠中のものとし、越前における自分の荘園の経営を有利に導こうとする野心に出たものであろう。しかし、さればといって仲麻呂は、この真面目で信仰の深い人物を警戒したりした様子はなく、むしろ信頼していたとさえ推量されるのである。

天平勝宝九歳になると、仲麻呂は、いよいよ野望をあらわにし、三月には皇太子道祖王を廃し、四月には、息子真従の未亡人（粟田諸姉）を娶せて田村第に住ませていた大炊王（淳仁天皇）を擁立して皇太子となし、春宮職の長官（春宮大夫）には、腹心の佐伯宿禰毛人を補したのである（宝字元年七月九日紀）。この毛人は、今毛人と同じ五月五日に、従四位下に叙されていたのである（『続紀』）。

『公卿補任』は、今毛人が勝宝八歳正月に春宮大夫に補され、宝字元年七月に兼右京大夫に任じられたと記している。これは、『続日本紀』に録されている佐伯宿禰毛人と同じく今毛人とを混同したためであろう。

今毛人の転出

今毛人が勝宝九歳に、いかなる地位に転補されたかは、まったく不明である。彼は、佐伯氏であっても、武官の経歴はなかった。したがって衛府に関係した地位についた可能性は、少ないとおもう。外官（地方官）として地方に転出したこともありえないではないが、もっともありうるのは、大膳職（宮中で宴会がないときは、いたってひまな官司である）の長官（大膳大夫）のような閑職に補されたということである。のちに述べるように、彼は、天平宝字三年（七五九）十一月五日、摂津職の長官（摂津大夫）に任じられた。同じ日に、従四位下の御使王は、大膳大夫を命じられている（『続紀』）。これからすると、御使王は、今毛人の後任者として大膳大夫に補されたとみる可能性が強いのである。

今毛人は、勝宝九歳三月十二日には、まだ造東大寺司長官であった（『古文書』一三ノ二一七）。ところが同年閏八月二十二日には、彼はすでに長官ではなかった（『古文書』二五ノ二二八）。政権の中心をなす皇太后は、よほどの事情がないかぎり、聖武天皇の周忌の五月二日までは、今毛人の転任を認められなかったと考えられるから、今毛人の転任は、彼が昇叙された五月五日から閏八月二十一日までの期間とせねばならないのである。『続日本紀』によると、この年、大幅の人事異動がおこなわれたのは、「橘奈良麻呂の変」の前夜たる六月十六日と、その直後の七月九日とであった。六月十六日紀には、従五位下多治比(たじひ)真人犬養を大膳亮(だいぜんのすけ)に補した記事はあっても、大膳大夫の任命のことは、記されていない。しかし前後の事情からみて、今毛人の転任の発令は、六月十六日とみた方がよさそうである。

東大寺の東塔が未完成の時に今毛人を転出させた理由は、よくわからない。また今毛人にとって、この転出が必ずしも不愉快であったとはいえぬのである。なんと言っても、東大寺の造営事業は、とうに峠を越していた。東塔の建築も軌道にのっていた。伽藍の修理などを問題にすれば、造東大寺司の仕事は際限なく続くであろう。荘園の整備もまた問題であった。しかしこれらは、今毛人の手腕をまつほどの難事業ではなかった。それに東大寺建立の悲願をたてられ、この点で今毛人を深く信頼されていた聖武天皇は、もはやこの世の人ではなく、その周忌もすんでいた。今毛人としても、この辺で一身上の転換を考えてみるべきではなかったか。皇太后も十余年をひたすら東大寺の造営にささげた今毛人をしばらく閑職につけ、休養させる必要を覚えておられたのではないかとおもう。

仲麻呂の性格

藤原仲麻呂は、性聡敏で術策に長じてはいたけれども、御曹子として育ったためもあって、部下の向背を視る眼は充分でなかったし、また猜疑心は強い方でなかった。それは、彼が重用した賀茂朝臣角足（紫微大忠兼左兵衛率）に、いかに手ひどく裏切られているかによっても、推知されよう。勝宝九歳における今毛人の転補は、仲麻呂が今毛人に悪感情をもったり、あるいは彼を警戒したりした結果とは考えられない。仲麻呂は、天平宝字七年（七六三）正月に、再び今毛人を造東大寺長官に任じているのである（『続紀』）。

しかし勝宝九歳六月の時点において、仲麻呂が造東大寺司への影響力を強めようと意図していたことは、否定されない。そのことと、彼が今毛人を警戒していなかったこととは、矛盾しないのである。今毛人を動かすのには、仲麻呂といえども、皇太后の許諾をうる必要があった。仲麻呂としては、今毛人を優遇する一方、造東大寺司を完全に掌握する一石二鳥を狙ったのであろう。そして仲麻呂は、つぎの課題として、越前守佐伯宿禰美濃麻呂（『古文書』二五ノ二二八）に圧力を加え、彼を傀儡化することを考えたであろう。

新しい造東大寺長官

勝宝九歳、今毛人は、彼の女房役であった大蔵伊美吉万里（丹波守として転出）とともに造東大寺司を去り、長官には、正四位上坂上伊美吉犬養（坂上田村麻呂の祖父）、次官には、従五位下高麗朝臣大山が任じられた（『古文書』二五ノ二二八、同四ノ二三九）。造東大寺司の業務は、繁多ではあったけれども、すべてがすでに軌道に乗っていたし、業務のある面では、東大寺との協力体制もしだいに整ってきていたから、もはや誰を長官や次官に任命したところで、さして支障はなかったのである。むしろ問題は、造東大寺司が造寺省のような性格を帯びるにつれて、それが政治的な要職と化することにあったのである。

六　大宰府と怡土城

摂津大夫への就任

天平宝字元年（七五七）を迎えて、佐伯宿禰今毛人も、齢（よわい）三十九歳となった。想えば、東大寺の造営に若き日の情熱を傾けて来た彼にとっては、それは夢のように過ぎた十余年であったであろう。いま齢不惑（ふわく）に近く、大任をはたして閑職についた彼は、あらためて自らの将来を考え、政界の現状を見なおす機会をもったことであろう。

宝字元年の半ばごろから三年十一月まで、二年余の間の消息は、全くわからないが、閑職――おそらくは大膳大夫――にあって休養し、自己や周囲について熟考をかさねていたこととおもう。宝字三年十一月五日、彼は摂津職の長官（摂津大夫）に転補された（『続紀』）。摂津大夫は、当時においては、相当な要職であった。この要職への彼の補任は、仲麻呂が彼をなんら警戒していなかった証拠といえる。この仲麻呂政権にとって大きな打撃となったのは、宝字四年六月七日における皇太后（光明皇后）の崩御であった。山陵の営造に経験の多い今毛人は、例によって山作司を命じられたが（『続紀』）、東大寺建立の背後の力であり、また今毛人と接触の多かった皇太后の崩御に、彼は深い感慨を覚えたことであろう。

今毛人と家持

宝字六年九月三十日には、御史大夫（大納言）の正三位石川朝臣年足が薨去した。薨じた場所は、平城京の私宅であった（墓誌銘）。淳仁天皇は、早速、今毛人と信部大輔（中務大輔）従五位上の大伴宿禰家持とを京宅に遣わして弔意を表された（『続紀』）。なにゆえに、今毛人と家持——今となっては、大伴・佐伯両氏を代表している——が弔使となったのかは不明であるが、おそらく両人は個人的にも年足と親しかったためであろう。年足は、非常な人格者であり、法制にもくわしかった（『続紀』）。また天平九年から十一年にかけて（出雲守在任の当時）行なった願経が示すように、仏教にも篤く帰依していた。今毛人や家持は、人格者として、また学人としてこの大先輩を尊敬していたのであろう。

石川年足の墓

石川年足（享年七十五歳）の遺骸は、荼毘に付され、木櫃に納め、金銅の墓誌板をそえ、十二月二十八日、摂津国嶋上郡白髪郷酒垂山（大阪府高槻市真上にある丘）に葬られた（墓誌名）。名族石川氏の本貫は、河内国石川郡であった。年足が、本貫ではなく摂津の嶋上郡に葬られたについては、摂津大夫の今毛人が墓地を斡旋したことが充分に考えられるのである。

家持の心境

家持は、この年（宝字六年）の正月、中務大輔に栄転して因幡国から京に帰ってきていたが、そのころの彼は、もはや詠わぬ歌人となっていた。当時、家持は四十七歳、今毛人は四十四歳であった。両人の交際は、若い時分にはじまったとおもわれるが、久しぶりに任国より戻った家持と今毛人とは、ますます交誼を深くし、「奈良麻呂の変」この方、軌道をふみはずした仲麻呂の横暴について、憤慨しあったことであろう。宝字六年には、参議従三位紀朝臣飯麻呂が七月、御史大夫の石川年足が九月、讃岐守従四位下大伴宿禰犬養(いぬかい)が十月に、それぞれ世を去った。宝字五年に参議の従三位巨勢(こせの)朝臣堺麻呂(さかいまろ)・従四位上阿倍朝臣嶋麻呂の両名を失った後のことであるから、彼らがいたく心細さを感じたことは、おのずから肯(うなず)かれる。そして年来、仲麻呂の専横をみるにつけて、今毛人と家持の間に、なんらかの密約がとりかわされたとしても、それは当然のなりゆきであったであろう。

摂津大夫としての業績

摂津大夫としての今毛人の治績は、ほとんどわかっていない。勝宝四年正月十四日、東大寺は、摂津国西生(にしなり)郡美怒(みぬの)郷において土地三町六段余を安宿(あすかべ)王から購入した。おそらくこれは、造東大寺司が購入して寺家に入れたか、あるいは次官の今毛人の承認のもとに購入した土地であったであろう。宝字四年十一月七日にいたって、東大寺はこれを新薬師寺に転売したので、その登記を摂津職(しき)に申請した(『古文書』四ノ四四八・四四九)。同月十八日、さらに東大寺は、やはり勝宝四年正月十四日、安宿王から購入した雙倉（そうそう）一棟と土地三町六段余の登記を摂津職に申請した（『古文書』四ノ四五一・四五二）。今毛人は、右の事実は熟知していたから、翌年正月と三月に郡司の登録がすむと、ただちに承認の署名をしたためたことであった。

宝字七年正月の人事異動

天平宝字七年正月九日には、大幅な人事異動が行われた。そのうち、以下述べようとすることに関連ある分を掲げると、つぎの通りである。

少　納　言　従五位下藤原朝臣蔵下麻呂（くらしたまろ）
文部大輔　従五位上石上（いそのかみの）朝臣宅嗣（やかつぐ）
玄　蕃　頭　従五位下大蔵忌寸麻呂
造東大寺長官従四位下佐伯宿禰今毛人
摂津大夫　正五位下市原王
大　和　守　正四位上坂上忌寸犬養
鋳銭長官　従五位下石川朝臣豊麻呂

美作介　外従五位下上毛野公真人

これによって、造東大寺司は、大改造されたわけである。すなわち、長官は大和守に転任したし、判官の上毛野公真人は、美作介に転出した。判官石川朝臣豊麻呂は前年に転出し、主典の葛井連根道が判官に昇格していた（宝字五年）。真人と豊麻呂は、仲麻呂にとり入り、出世街道を進んでいた。次官の高麗朝臣大山は、宝字五年十月、武蔵介に転出し、仏師の正五位下国中連公麻呂（以前の国君麻呂）が次官に昇格していた（『続紀』）。したがって、佐伯宿禰今毛人がふたたび造東大寺司長官に就任した時、その幹部は、左のような人びとであった（『古文書』五ノ三八二）。

造東大寺長官への再任

次官　正五位下国中連公麻呂

判官　正六位上葛井連根道

主典　正六位上美努連奥麻呂

　　　正六位上志斐連麻呂

従六位上阿刀連酒主

正八位上安都宿禰雄足

根道は疑問の人物で、いかなる態度をとっていたかよくわからない（宝字七年十二月二十一日紀、宝亀十年正月二十三日紀）。酒主と雄足は、仲麻呂派であったようである。次官の公麻呂は、今毛人とは、永年の同僚であったし、また芸術家肌で政治には関心が薄かったらしい。奥麻呂は、今毛人に忠実な人であり、仲麻呂の専権を憎んでいたと考えられる。

なにゆえに今毛人が造東大寺長官として再任したかは、明らかでない。なるほど造東大寺司は、東塔の建築、石山寺・香山薬師寺・上山寺の造営、荘園の開発・経営に依然として繁忙であった。それらを促進さすためには、老練な今毛人をもってくるに越したことはない。おそらく大僧都良辨などの希望もあって、仲麻呂はこの人事に踏みきったのではあるまいか。それは同時に、仲麻呂が今毛人に対して警戒心を抱いていなかったことをも指証しているのである。

けれども、今毛人が造東大寺長官として、仲麻呂・良辨・良興（東大寺別当）などの期待に添ったかは、はなはだ疑問である。古文書を通してみると、彼は造寺司の仕事はほとんど国中連公麻呂にまかせ、外部でなにかしら動いていたようにおもわれる。造寺司の仕事は、もはや彼の情熱をかきたてなかったようである。

仲麻呂と大伴氏

そのころ、信部大輔（中務大輔）大伴宿禰家持の仲麻呂に対する憤りは、頂点に達していた。彼にとって、大伴氏を代表した剛毅な古麻呂（勝宝六年正月紀）の無慚な末路は、どうしても忘れえなかったであろうし、古慈斐や駿河麻呂のような有為な人材が配地にあることは、絶えず彼の心をさいなんでいたに相違ない。「奈良麻呂の変」は、大伴氏から最も傑出した三名の人物を葬ったのである。まして宝字元年ごろからの仲麻呂の政策は、新奇をてらい、私欲に出たものが多く、良識者の眉をひそめさせるものばかりであった。はやく宝字四年五月、右大舎人大允の正六位下大伴宿禰上足は、「災事十条」を記して仲麻呂政権を弾劾しようとしたが、弟の矢代（やしろ）に密告され、多褹島掾（たねとうのじょう）（種子島は多褹島という行政区とされ、国に準じられていた）に左遷されていた。

仲麻呂の逸脱した行為

これよりさき、孝謙太上天皇は、高麗朝臣福信を専知（せんち）（任主）として、平城宮の北手にある狭城池（さきのいけ）（現在の水上（みなかみ）池、奈良市佐紀東町）の西畔に楊梅宮（やまもものみや）を造営されていた（宝亀四年二月二十七日紀）。ところが仲麻呂は、この宮の南に接して——すなわち、現在、平城天皇陵のある所に——自分の邸宅を造った。この邸宅には、東西に高楼があり、南の正面には楼門が建てられた。この楼門からは、平城宮の内裏がまる見えであった（宝亀八年九月十八日紀）。

貴族たちは、これをもって不臣の行為と思ったらしいが、中でも憤慨したのは、家持・今毛人・石上朝臣宅嗣・藤原朝臣宿奈麻呂（すくなまろ）（宇合の第二子、広嗣の弟、後に良継と改名）などであった。宅嗣は宿奈麻呂の従弟であり、図書館（芸亭（うんてい））の創設者として有名であるが、彼のように温厚な知識人が激怒したのであるから、仲麻呂の専横は、末期的現象を呈していたに相違ない。宿奈麻呂は、造宮大輔兼上野守であった。彼は、自分の従兄の仲麻呂が息子三人を参議となし、式家を代表する彼が彼らの下風に立つことに憂憤を覚えていた。

良継の変

『続日本紀』(宝亀八年九月十八日条)によると、宿奈麻呂(後に良継と改名)が中心となり、今毛人・家持・宅嗣をさそい、彼らの間で仲麻呂を暗殺する密謀が議された。これは、宝字七年三月のことであろう。ところがどういうわけか、この密謀は外に漏れ、右大舎人の弓削宿禰男広は、これを仲麻呂に密告した。これは、三月末か四月初めのこととおもわれる。そこで仲麻呂は、早速、彼ら四人を捕縛し、糺問させた。今毛人・家持・宅嗣は、あくまで密謀を否認したが、宿奈麻呂は、「宿奈麻呂ひとり謀首たり、他人はかつて預り知らず」と明言し、三人をかばった。そこで仲麻呂は、宿奈麻呂の姓と位階を奪い、蟄居させたことであった。

「良継の変」の解釈

仲麻呂と道鏡との対立がようやく尖鋭化しようとしていたころ、突然にもち上ったこの事件、すなわち「藤原良継の変」をいかに理解するかは、問題のあるところである。中川収氏は、弓削男広と道鏡とが比較的近い間柄にあったという前提のもとに、つぎのような解釈を下している（『続日本紀研究』七ノ二・三、『日本歴史』一五〇号）。すなわち、太上天皇（孝謙）と道鏡との結合、そして太上天皇と天皇（淳仁）との対立を重視した仲麻呂は、道鏡を圧迫する行動をとった。はからずも宿奈麻呂ら反仲麻呂派の密謀を探知した道鏡は、㈠仲麻呂が自分へむけた圧力をかわし、㈡仲麻呂を反仲麻呂派と対決させ、㈢太上天皇をして反仲麻呂派との政治的接触を断念させるために、親近者たる男広の職掌（大舎人）を利用し、彼に密告させた。道鏡のこの策謀は、これによって、㈠仲麻呂が道鏡問題とともに反仲麻呂派問題にも追いまわされる結果をきたし、㈡その間に道鏡の積極的行動が可能となったという点で、非常な成功をおさめた、というのが中川氏の見解である。

これはまことに穿（うが）った解釈であり、積極的史料がないというだけでその可能性を否定することはできない。問題は、道鏡が政権を獲得するに際してどの程度の権謀術策を用いたかという、道鏡の人物のいかんにかかっているとおもう。史料を公平に検討し、道鏡の学識や人柄を眺めた場合、このような策謀がはたして「道鏡らしいか、らしくないか」によって、肯定もされるし、否定もされるのである。

宿奈麻呂の毅然とした態度によって、今毛人・家持・宅嗣の三人は、あやうく虎口を脱れ、無事釈放された。しかし彼ら三人は、現職を解かれて散官とされ、謹慎を命じられたようである。そして四月十四日には、彼ら四人と、宿奈麻呂の二人の兄弟——蔵下麻呂と雄田麻呂（後に百川と改名）——あわせて六人の後任者が発令された（『続紀』）。造東大寺長官には、市原王が転補された。

今毛人の大宰府赴任

今毛人らは、天平宝字八年（七六四）を憂欝な気持で迎えた。そして一年近く謹慎を続けた後、すなわち同年正月二十一日、今毛人は営城監、宅嗣は大宰少弐、家持は薩摩守に任じられ、西の方に追いやられた。しかし仲麻呂は、彼ら三人を野放しにしたのではなく、腹心の佐伯宿禰毛人を大宰大弐に補し、彼ら三人と大宰員外帥（前右大臣）藤原朝臣豊成とを監視させたのであった。しかしこの正月の異動で、仲麻呂が佐伯毛人の前任者の吉備朝臣真備（まきび）を造東大寺長官に任じ、入京せしめたことは、仲麻呂派にとっては、大きな禍因となった。真備は、軍学にかけても、当代随一の人物であったから（宝字四年十一月十日紀）、太上天皇がやがて彼を軍師として起用することは、当然予想されたのである（宝亀六年十月二日紀）。

新羅との関係の悪化

すでに勝宝五年（七五三）ごろから日本と新羅（しらぎ）王国との関係は、悪化していた。勝宝七歳には、中国に安史（あんし）の乱が起り、海外の情勢は緊迫したものとなっていた。唐におけるこの擾乱（じょうらん）の情報は、いち早く大宰府に伝えられたのであろう。そこで大宰帥船（ふなの）親王（淳仁帝の兄で仲麻呂派）は、大弐の真備や、これまた海外事情にあかるい少弐小野朝臣田守（たもり）などの意見によって中央に進言し、博多津方面の防備を強化することとした。こうして勝宝八歳（七五六）六月から真備が専当官となって、怡土城（いとじょう）の建設が開始されたのである（『続紀』）。

藤原仲麻呂は、自己の勢力確保のためにも新羅に対して積極政策をうち出した。すなわち彼は、天平宝字二年（七五八）の終りに、渤海王国と結んで新羅を征討する計画をたて、大宰府にその準備を命じた（宝字三年六月十八日紀）。真備は、作戦計画を練るとともに、築城や軍船・兵器などの準備にあたっていたのである。

営城監の問題

今毛人が任命された「営城監」については、あまり明らかでない。村尾元融（げんゆう）は、宝亀三年（七七二）十一月二十五日に廃止された「営大津城監」（『続紀』）をもってこれに擬しているけれども（『続日本紀考証』巻八）、それは疑問である。この「監（かん）」は、「舎人監」の監（官司）ではなく、大宰府の大監・少監の監であって、ある官司における地位を意味している。新羅との国交の緊張に備えて吉備朝臣真備は、戦術的に重要な地点に城塞を築くことを献策し（宝字三年三月二十四日紀）、それは実施されていた。これら城塞の築造を監督するために、大宰府にはそのころ、営城司が設けられ、その長官が営城監ではなかったかと推定したい。

この想定上の「営城司」は、主船司よりも格が上であったに違いない。しかし怡土城の完成（景雲二年）とともに規模が縮小され、官司ではなく、官職としての「営城監」を大宰府の中においたもののようにおもわれる。今毛人が営城監であったころには、怡土城や大津城（博多）の築造現場には、それぞれ専知官がおかれ、営城監の監督の下に築造を指揮していたとおもわれる。のちに今毛人が「築怡土城専知官」を命じられたのは、営城監がみずから専知官を兼ねて築城を促進させるためであったようにおもう。

肥前守兼任

営城監として大宰府に着任した今毛人にとっては、佐伯毛人は煙ったい存在であったに相違ない。しかしこの地には、豊成や石上宅嗣もいたから、その点では心強いものがあったであろう。宝字八年（七六四）八月四日、今毛人は、肥前守の兼任を命じられた（『続紀』）。肥前国府は、佐賀県佐賀郡大和町久池井字惣座にあったから、彼は、大宰府・怡土城・肥前国府を結ぶ三角形の線を巡廻する生活を送らねばならなくなった。

今毛人と家族

今毛人が大宰府に妻子を連れてきたかどうかは、判断の限りでない。今毛人には、三野（美濃）および三松という二人の息子がいたようである（『平安遺文』一ノ二四二ページ）。おそらく三野は、今毛人の長男であったのであろう。天平宝字八年において、今毛人は四十六歳であり、三野は二十六歳前後であったようである。

佐伯の三野と真守

三野は、すでに出身していたので、父親にしたがって大宰府にくだらず、都にとどまっていた。宝字八年の八月ごろには、三野は、造池判官として造池使の淡海真人三船に随って近江国に出張し、勢多の辺で工事を監督していたらしい（延暦四年七月十四日紀）。また今毛人の兄の真守は、正六位上で都におった（宝字八年十月七日紀）。おそらく彼は、父の人足のようなコースをとって衛府の武官であったのであろう。その彼が造東大寺司の判官に転じたのは、宝字八年の二月ごろと推定されるが、同年三月に判官として在任していたことは確実である（『古文書』一六ノ四三三・四三四）。多分これは、造東大寺長官吉備朝臣真備の運動によったものであろう。

真守は、真備の秘書官のような仕事をも担当していたのではなかろうか。そして真備は、造東大寺司が管理する正倉院は、たぐいのない宝庫であると同時に、重要な兵庫（兵器倉庫）であることも知悉していたはずである。次官の国中連公麻呂は、時勢には超然としていたらしい。そこで真守は、判官の美努連奥麻呂と気脈を通じ、他日を期していたと考えられる。

正倉院の武器

ひとり三野や真守ばかりでなく、反仲麻呂的な感情をいだく人びとは、藤原氏・大伴氏・佐伯氏の別なく、都に充満しつつあった。なにかが契機となって点火されれば、彼らは大きな勢力に結集され、仲麻呂を打倒する勢力に化す気運がみなぎっていたのである。

そしてついに仲麻呂政権にも、運命の日がきた。それは、宝字八年九月十一日のことであった。兄の事件に連坐して逼塞（ひっそく）していた藤原朝臣蔵下麻呂は、ただちに討賊将軍に任命され、吉備真備の作戦によって追討戦が開始された。軍兵の動員と同時に、真備は太上天皇の命令として法師安寛を正倉院に遣し、佐伯真守と美努奥麻呂の両判官立合いのもとに、大刀八八振・弓一〇三張・甲冑一〇〇領・胡籙（ころく）（背に負う矢筒）九六具などをとり出したのである（『古文書』四ノ一九四・一九五）。

正倉院の中倉に現存するある胡籙（第一号）につけられた木牌（木札）には、「天平宝字八年九月十四日」「矢一柄　木工衣縫大市所（きぬぬいのおおいちに）レ給如（うしの）レ件」と墨書されている。これから推察すると、真守や奥麻呂は、勅命によって、造東大寺司に働いていた工匠や役夫を武装させたに相違ない。奥麻呂は、九月十四日ごろ、この部隊を率いて出陣したのではなかろうか。

真備の作戦指導

都から出た仲麻呂とその軍勢は、宇治・山科を通り、滋賀山（逢坂山）を越えて琵琶湖畔に出た。そして粟津（大津市粟津町付近）に陣をかまえた。これは、仲麻呂にとって、作戦上の大失敗であった。一方、真備の指令に従って、衛門少尉佐伯宿禰伊多智（いたち）

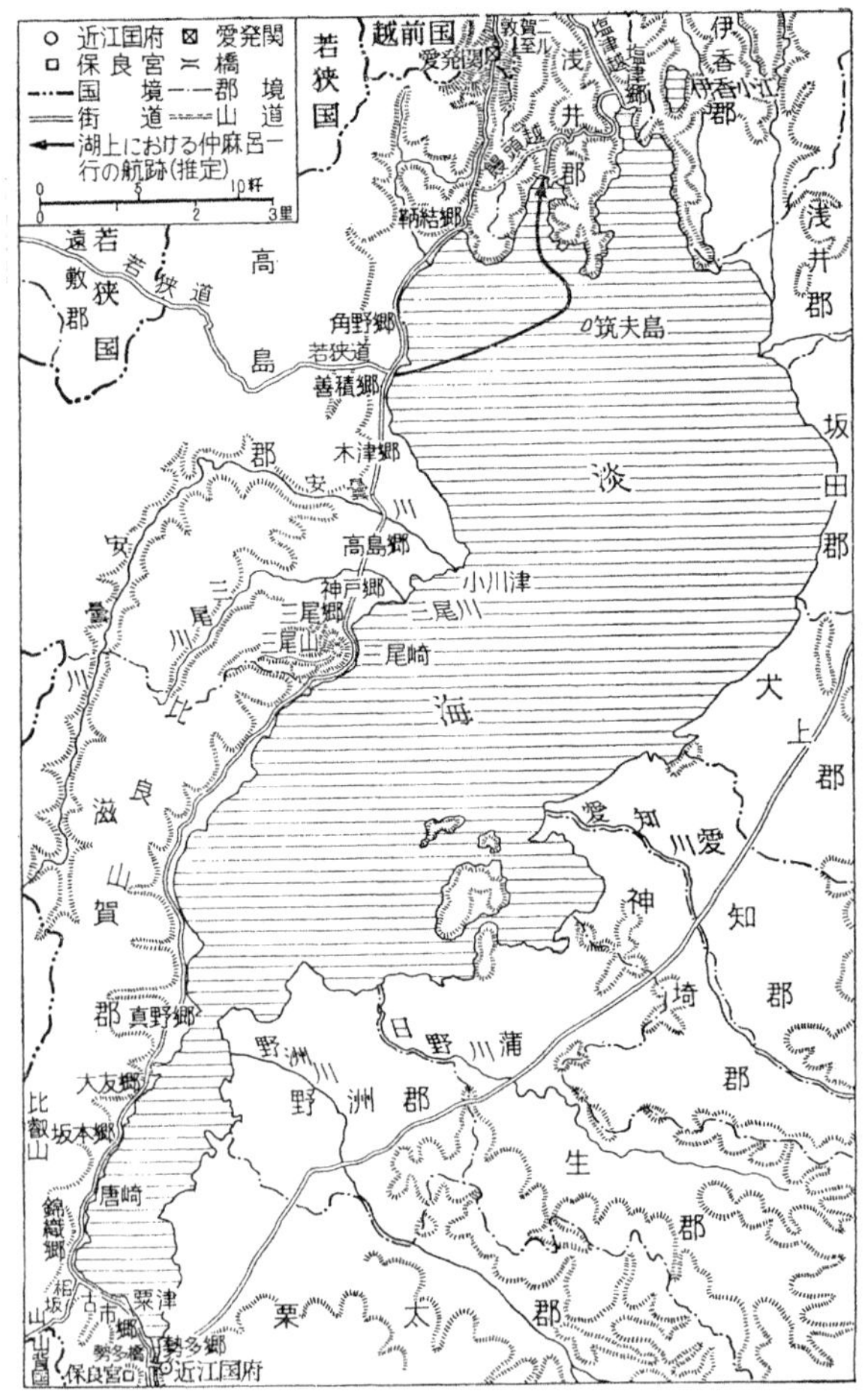

第13図　奈良時代における琵琶湖の周辺

が率いた先遣隊は、宇治田原道を通り、先廻りして勢多に向った。

佐伯三野の軍功

仲麻呂は、粟津の陣営から勢多にいた淡海三船と佐伯三野のもとに使者を遣し、兵馬の供出を要求した。両人は、仲麻呂の使者やその従者たちを捕え、昂然(こうぜん)たる気勢を示した。その時、佐伯宿禰伊多智の率いる数百騎の軍勢が石山を経て勢多に到着し、勢多橋を焼き落して決戦をせまった。仲麻呂は、征討軍の威勢におそれをなして、琵琶湖の西岸に沿って高島郡の方へ走った。三野は、伊多智の軍よ

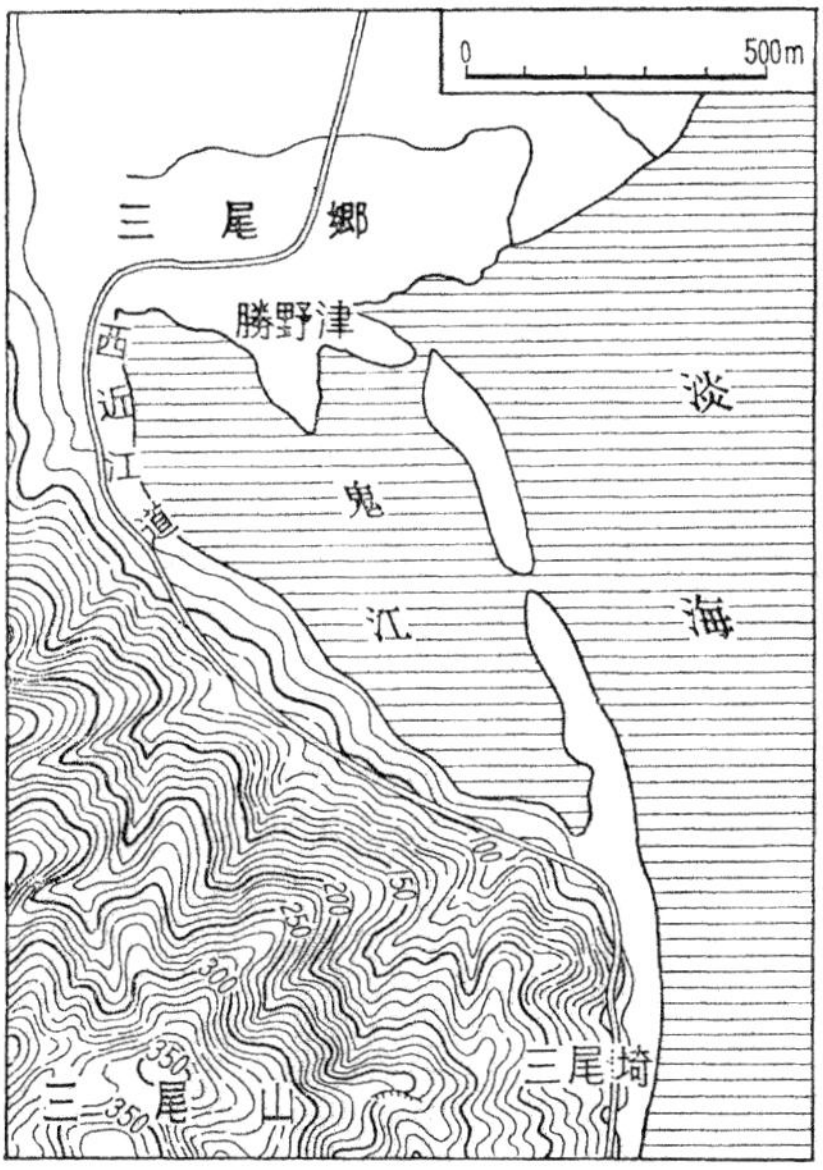

第14図　三尾郷の地図（推定復原）

り一小隊を授けられ、仲麻呂を追跡し、高島郡を固めた。一方、伊多智の率いる先遣隊は、船で塩津に向い、越前国の国府を襲って、仲麻呂の七男で、越前守の任にあった辛加知（しかち）を斬り、ただちに軍をかえして愛発関（あらちの）に向い、関を破って越前国に向おうとした仲麻呂の軍を反撃した。仲麻呂はまた軍をかえし、高島郡にはいったが、三尾崎の隘路に陣していた佐伯宿禰三野は、仲麻呂の次男の真光（まみつ）（参議、大宰帥）が率いた敵の軍の主力を迎撃し、ここに最大の合戦が展開された。

これは非常な激戦であった。合戦は、正午ごろから午後四時におよび、三野の軍隊には疲労の色がみえてきた。その時、蔵下麻呂の率いる本隊が姿を現わしたので、真光の軍隊はひるむ気配を示した。三野らは、これに勢いをえて突進し、相当数の敵兵を倒した。真光の率いる主力が敗れたので、仲麻呂らは船に乗ってのがれたが、やがて鬼江の砂洲で悲惨な最後をとげたのである（宝字八年九月十八日紀、延暦四年七月十六日紀）。

佐伯宿禰三野は、はからずも仲麻呂を討つ機会をもち、父親の念願をはたしたのであった。大宰府にあって今毛人は、わが子の殊勲をいかに欣んだことであろう。三野は、九月十二日、ただちに従五位上を授けられ、翌年二月五日には、右衛士佐に任じられた（『続紀』）。そして翌々年（天平神護二年）二月二十一日には、坂上大忌寸苅田麻呂（田村麻呂の父）・佐伯伊多智・淡海三船などとともに、功田二十町を賜わり、それを子の代まで伝えることがゆるされた（『続紀』）。今毛人の兄の真守の方も、功によって従五位下を授けられ、美努連奥麻呂も、外従五位下に昇叙された（宝字八年十月七日紀）。

造東大寺司の人事異動

造東大寺司は、宝字七年（七六三）十二月に葛井連根道が流罪に処されたので（『続紀』）、判官を欠くにいたった。そこで真備が長官になると、主典の美努連奥麻呂を判官に昇格させ（『古文書』五ノ四八九）、さらに外部からは真守を判官に迎えたのである（『古文書』一六ノ四三三）。仲麻呂の変に際しては、真守の方は、真備の副官のような任務についたのかもしれない。主典の阿刀酒主と安都雄足とは、仲麻呂の手足となっていたために、解官されたようである。また仲麻呂に気脈を通じて出世した石川朝臣豊麻呂（鋳銭長官）

と上毛野真人（美作介）の両名は、すぐに解任された。

大宰府の人事異動

大宰府にも、大変動がおこった。員外帥の藤原朝臣豊成は、九月十四日、右大臣に復され、二十日には従一位を授けられ、急遽都へと旅立った（『続紀』）。少弐の石上朝臣宅嗣は、十月三日、正五位上に叙され、常陸守に任命されたし、また同じ日に、正四位上藤原朝臣宿奈麻呂は大宰帥に、従五位下釆女朝臣浄庭は少弐に任じられた（『続紀』）。仲麻呂に気脈を通じていた佐伯宿禰毛人は、天平神護元年（七六五）正月六日、大弐を免じられ、多褹嶋守に左遷された（『続紀』）。そして今毛人が選ばれて、大宰大弐に任じられたのである。

道鏡政権と今毛人

新しい時代は、重祚された称徳天皇と道鏡政権のもとにおかれた。史料の示すところでは（『古文書』五ノ二三八、同一六ノ六九）、道鏡と造東大寺司との関係は、宝字六年（七六二）の六月ごろから始まっている。今毛人はなにかの機会に道鏡と接触していたに相違ないが、とりたてていうほどの関係はなかったであろう。温厚な豊成が右大臣の座を占め、宿奈麻呂が大宰帥となり、佐伯一門が芽をふき出した宝字八年の冬は、今毛人にとって最も歓ばしい時であったに相違ない。とくに兄の真守と息子の三野が五位にのぼったことに、彼は心から安堵したことであろう。

大宰大弐としての業績

大宰府に在職中、今毛人がもっぱら力を注いだのは、築城や軍士の配置などのことであった。すでに新羅征討の計画はたち消えになっていたけれども、大宰府としては新羅の侵攻に備え、防備を充分にしておく必要があった。大宰帥の宿奈麻呂がはたして任地に下ったかどうかの問題であるが、わずか三二〇日間の在任期間であったら、下向しなかったとみなすべきである。後任として天平神護元年（七六五）八月に任命された参議石川朝臣豊成（年足の弟）の場合は、あきらかに遙任（ようにん）の大宰帥であった。したがって大弐としての在任中、今毛人は、大宰府を帥（そち）に代って運営する任務を帯びていたわけである。

すでに天平宝字八年の七月、入朝した新羅王国の使節は、大宰府方面で大いに軍備を修めている理由について、質問を発している（『続紀』）。日本の軍備拡充が先方に知れた上は、築城を早く完成し、城塞に軍士を配置しておかねばならなかった。そこで今毛人は、天平神護二年四月に太政官に進言し、さきに廃止された東国の防人（さきもり）の復活を請い、勅許をえた（『続紀』）。こうしてしばらくの間は、北九州の防備は、非常に強化されたのであった。

怡土城の築造

天平神護元年三月十日、今毛人

第15図　怡土城出土の鬼瓦実測図（単位は寸）（鏡山猛氏による）

は、怡土城を築く専知官の兼任を命じられた（『続紀』）。この城は、福岡県糸島郡（もと怡土郡）前原町大字高祖にある高祖山を中心に設計されたもので、その頂上に立てば、筑紫平野や博多湾はもとより、はるかに壱岐・対馬をすら望見することができる。それは博多湾を制する上でも、絶好の戦略的位置にある。ここに第一線の城を営み、麓に主船司（いま福岡市西区周船寺）を配置した吉備真備の慧眼は、さすがとおもわれる。怡土城址についての詳細な発掘調査報告は、鏡山猛氏によって発表されているから（『日本古文化研究所報告』第六）、関心のある方は、それを参照されたらよいとおもう。とにかくこれは、大規模な山城であるから、一朝一夕には完成しなかったのである。今毛人は、長い経験から巧みに人びとを統率して築造に努めたことであろうが、竣功を一歩前にした神護景雲元年（七六七）二月二十八日、彼ははからずも造西大寺長官に転補され（『続紀』）、大宰府を後にせねばならなかったのである。彼としては、じつに三年ぶりに見る平城の都であった。

七　遣唐の大使

造西大寺長官に任命

　適材適所と言おうか、今毛人は神護景雲元年（七六七）に造西大寺長官に転補され、またまた造寺事業を担当することとなった。宝亀十一年の『西大寺資財流記帳』によると、この寺は孝謙太上天皇が宝字八年（七六四）九月十一日に発願され、天平神護元年（七六五）に着工されたものという。つまり藤原仲麻呂が謀反した日に建立が発願されたと伝えられている。称徳天皇は、神護二年十二月十二日に西大寺（生駒郡伏見村西大寺、現在は奈良市西大寺芝町）に行幸されているから（『続紀』）、神護元年ごろに着工されたという記載は、虚構ではなかろう。この時行幸されたのは、西大寺の四王院のことであって、薬師金堂や弥勒金堂は、計画だけで、未着手の状態にあったとおもう。

　いずれにしても、西大寺の本格的な造営は、景雲元年、今毛人を造寺長官、右少辨正五位上大伴宿禰伯麻呂（七一八―七八二）を兼次官に任命した時にはじまったのである。西大寺に対する尼寺の西隆寺（右京一条九、十、十五、十六坪）の方も、この年に起工されたようで、同年八月には、従四位上中衛中将伊勢朝臣老人が造西隆寺長官の兼任を命じられている（『続紀』）。同じく八月二十九日、今毛人は左大辨を命じられ、造西大寺長官は兼任ということになった（『続紀』）。

左大辨の職務

よく言われているように、太政官には、左辨官局・右辨官局・少納言局という三つの事務局が設けられていた。左大辨は、左辨官局の長官である。この局は、中務・式部・治部・民部など四省の事務を整理し、朝座（太政官の政務の会議）においてこれらを執政（大臣・納言・参議）に上申し、その裁決に従って太政官からの公文書を出す職責をおびている。辨官局のある所は、辨官曹司とよばれ、太政官院の中に存していた。辨官局には、大辨・中辨・少辨・大史・少史・史生・官掌などの官人がいたが、いずれも文才がゆたかで、法令や先例故実に明るいことが、必要な資格とされていた。今や佐伯宿禰今毛人は、この左辨局の長官に補され、中央の行政に直接あずかることとなった。彼の左大辨在職はいたって永く、宝亀八年（七七七）十月まで、十年二ヵ月も続いた。この異例な永さは、多分彼が有能な事務官であり、辨官としてあまりにも重宝な存在であったことによるのであろう。実際、当時の執政には、良継（宿奈麻呂）・宅嗣をはじめとして、彼と懇意な人びとが相並んでおり、仕事がきわめて円滑に運ばれたとおもわれる。その間に、彼の位階もしだいに進み、神護景雲三年（七六九）四月二十四日には従四位上、宝亀二年（七七一）十一月二十七日には、正四位下に昇叙されているのである（『続紀』）。

左大辨としての今毛人

左大辨は、朝座においていかに意見を具申しても、形式的には事務官である。政事を裁決し、勅許をえて最終的決定にもちこむのは、政務官たる執政の任務である。したがって当時の「太政官符」や「太政官牒」――しかも遺っている数が限られている――をいかに吟味したところで、左大辨佐伯宿禰今毛人の政績を明らかにすることはできないのである。

いま左大辨時代の今毛人の動静と彼が関係した政事について二―三の例をひろってみると、景雲三年十月から宝亀元年六月までの間に、某寺において盛大な法会が行われたことがあった。政府の高級官人は、この法会にそれぞれ供物をささげた。供物の量は、官職の上下とはあまり関係がなかった。この時、今毛人は、油一升・花二櫃(はこ)・香一裹(つつみ)・米五斗・生菜一櫃を捧げている(『古文書』五ノ七〇五・七〇六)。この某寺は、多分、河内国の弓削寺(ゆげでら)であったのであろう。むろんこれは、信仰から出た行為ではなく、称徳天皇や法王道鏡の意を迎えるための交際上の必要から出ていたとおもわれる。

景雲四年(宝亀元年)(七七〇)五月九日、従三位民部卿藤原朝臣縄麻呂(ただまろ)が使となって屏風(びょうぶ)三蝶(ちょう)(蝶は帖の誤り)を正倉院より蔵出したことがあった(『古文書』四ノ一九六)。宝亀三年八月二十八日、今毛人は検使として正倉院に赴き、これら三帖(ちょう)の屏風の返納を監視したことであった（『古文書』四ノ一九七）。当時返納された三帖の屏風が正倉院に現存するか、現存するとすれば、どれにあたるかは、今のところ不明である。

つぎに政事に関しては、彼は宝亀四年二月十六日、民部省に「太政官符」を下し、

> 昨年十一月十一日の勅書には、「今年は、天下の田租を免ずる」旨がしたためられている。いま、内臣正三位藤原朝臣（良継）は、「免じられた寺社の封戸の田租は、各国の正税稲をもって補充せよとの勅命である」と宣べられている。民部省は宜しくこの旨を承知し、勅命のままに施行せよ。

と伝えている（『古文書』二一ノ二七五・二七六）。また同年八月二十七日に彼は造東大寺司に符を下し、一切経関係の経論のおおまかな目録を記したのち、

> 内臣正三位藤原朝臣（良継）の宣べられるには、「勅命により、造東大寺司は一切経二部を奉写するため、右の経巻を薬師寺より借りうけよ」とのことで

ある。造寺司は、内臣の宣旨によって借りうけよ。

と伝達している（『古文書』二二ノ一八一・一八二）。

兄の真守の栄進

今毛人がこの官符を造東大寺司に下した時、この役所の次官をしていたのは、ほかならぬ彼の兄の真守であった。真守は、造東大寺司判官から常陸介に転じ（景雲元年八月十一日紀）、宝亀二年閏三月一日には右京亮に任じられ（『続紀』）、都に還ったのである。そして翌年正月には正五位下に進み、九月には兵部省の少輔に転じた（『続紀』）。ところが同年十一月一日には、兵部大輔兼造東大寺次官の要職に補せられたのである（『続紀』）。この人事に、今毛人の背景があったことは、あまりにも明白である。こと東大寺に関しては、今毛人の発言権は大きかったし、執政には懇意な人びとが多く、彼自身は、治部省を管轄する左辨官の老練な長官であったのである。

今毛人と造東大寺長官

造東大寺長官は、天平宝字八年（七六四）正月いらい吉備朝臣真備がこれを兼摂していた。宝亀元年（七七〇）十月に真備が致仕（ちし）したのち、同七年三月、従四位下石上（いそのかみ）

朝臣息嗣（おきつぐ）が就任するまで、誰が長官であったかは、ほとんどわからない。しかし最も可能性のあるのは、今毛人が三たびその長官となり、左大弁のままある期間これを兼ねていたのではないかということである。『東大寺要録』（巻第七）は、つぎのようなことを記載している。

第16図　造東大寺司の印
（宝亀二年九月五日文書に使用）

実忠と大仏殿の副柱

宝亀の初め、大仏殿の柱が弱いことが分かり、長さ七丈四尺の副柱を四十基建てて補強する必要が起った。ところが、「造寺司左大弁の佐伯宿禰や長上・大工が申して言うには、くだんの副柱をたてることは極めて困難であって、誰も引き受け手がない」と。そこで親王禅師・僧正和尚が相談して、これは実忠の考えに委せるべきであり、他の人ではとてもできないと結論し、実忠にこの工作を命じた。実忠は宝亀二年四月、みずから工匠や役夫をつれて信楽杣(しがらきのそま)に赴いて用材を伐って寺に運び、八ヵ月で仕事を完了した。それ以来三十年になるが、副柱は微動だにしていない、というのである。

右は『要録』におさめられた「東大寺権別当実忠二十九ケ条事」によるものである。これは、実忠みずからが弘仁六年（八一五）四月二十五日に書きあげた書類である。彼の功績をいくぶん誇張している嫌いはあるけれども、記憶力のよい彼が副柱問題の時、左大弁佐伯宿禰今毛人が造寺司の長官であったことを誤り記したとは考えられない。というよりは、東大寺創建の大功労者であり、当時三たび長官をしていた今毛人すら

第17図　僧実忠の署名
（天平宝字八年十二月十四日）
（『正倉院文書』）

東大寺の完成

手をあげた難問題を、彼が解決したことがここでは強調されているのである。したがって、今毛人が、宝亀元年十月から同三年四月ごろまで三たび造東大寺長官の任にあったことは、疑いを容れぬようである。宝亀二年には、九ヵ年を要した

第18図　大僧都良辨・佐伯真守・美努奥麻呂などの署名
(名のみ自署 天平宝字八年七月廿七日『正倉院文書』)

造寺判官　弥努連　奥麻呂
　　　　　佐伯宿禰　真守
使　　　　高丘連　比良麻呂
　　　　　右虎賁騎佐高麗朝臣　広山
大僧都賢太法師　良弁
　　　　　三綱小都維那僧　聞崇

盧舎那仏の大光背（高さ一一丈 幅九丈六尺）も完成し、実忠のはからいで大仏殿の天井を一丈だけ切りあげてとりつけることができた（「実忠二十九ケ条事」）。これで東大寺の造営は、完全に終了したわけである。そしてこれが今毛人が三たび長官であったと推定される時期に成就したことは、奇しき因縁であった。天平十八年（七四六）に今毛人が造営に関与してから二十五年を経て完成をみたのである。それは今毛人にとっては、感慨無量の出来事であったであろう。

造東大寺次官としての真守

今や造東大寺司とはいっても、その実体は、修理東大寺司のようなものとなっていた。その長官の地位はいよいよ高くはなったけれども、それは名誉的・政治的なものとなり、長官をまつほど困難な仕事はなくなったのである。前記のよう

息子の異常な昇進

に佐伯真守は、宝亀四年九月に次官を兼任した。長官の名は不明であるか、彼は兼任の次官でありながら長官の事務をひき受けていたようである（『古文書』六ノ四一七、同二三ノ三七〇）。

後にも説くように、今毛人は兄の真守とは親しい仲であったから、兄の次官兼任を心から祝福したことであろう。それにもうひとつ彼を満足させたのは、息子の三野の異常な昇進であった。三野は、景雲元年三月、下野守（しもつけのかみ）となり、宝亀元年十月には正五位下に叙されていたが（『続紀』）、翌二年閏三月一日には、陸奥守兼鎮守（ちんじゅ）将軍（しょうぐん）の栄職に転補されたのであった（『続紀』）。しかもその時には、すでに従四位下の位階にあったのである。今毛人の欣びは、想像に難くない。三野は、勇躍して陸奥国に赴いたであろう。当時、政府は蝦夷に対して懐柔政策をとっていたし、また蝦夷たちは、嵐の前の静けさを保っていた。そのためもあって、鎮守府の武官たちは消極的であり、兵士の士気は沈滞していた。若い鎮守将軍佐伯宿禰三野（三十三歳前後）がそこでなにを考え、いかなる方法を講じようとしたかは、もとより知るべくもないが、彼はなにかしら重要な政策を考え出したに相違ない。しかし着任ののち間もなく彼は健康を害したらしく、翌年には都に戻ったようである。おもうに、帰京した彼の建策が、大伴宿禰駿河麻呂の抜擢や対蝦夷強硬政策を誘致したのではあるまいか。

佐伯三野、右京大夫に就任

同じ三年九月二十九日、三野は薨去した石川朝臣豊成に代って右京大夫（うきょうだいふ）に補され、右京亮であった伯父の真守は、兵部省に転出した（『続紀』）。右京大夫は、皇都の右京の行政をあずかる右京職（うきょうしき）の長官であり、なかなかの重職であった。ところがこの年は、九月から十月にかけて風害が甚大であった。そこで政府は、前記のように、十一月に今年の田租（でんそ）を免じたが、翌四年になると、米価は暴騰し、飢民が溢れるようになった。そこで三月十四日、政府は、常平倉（じょうへいそう）の制を強化するとともに、飢民には救援の米を与えるよう命じた（『続紀』）。左右両京職は、同月十七日に早くも賑給（しんごう）を完了したが（『続紀』）、この時、賑給された人びとは、左京で九、七〇三名、

平城京の人口

右京で九、〇四二名であった。八十歳以上の老人は、漏れなく賑給され、その人数は、左京で五〇四名、右京で五六二名であった（『古文書』二ノ二八三・二八四）。沢田吾一氏は、これを資料として平城京の人口を求め、総人口二五万五千人という数字を算出している（『奈良時代民政経済の数的研究』二七九・二八〇ページ）。

右京の人口は、一三万くらいと推定されるから、右京大夫の三野の職責は、軽いものではなかった。しかし健康を害した彼は、あまり職務にはげむことができなかったようで、五年三月五日には、官を辞して静養することとなった。その場合、さきに下賜された功田二十町は、非常に役立ったこととおもう。

悲喜が織りなすのが人生である。今毛人は、息子の宿痾に心を痛めながらも、着実に任を果たして行った。宝亀二年八月十三日、政府は、月の六斎日と寺辺二里四方では、殺生を禁断するよう命令を下した（『類聚三代格』巻一九）。これなどは、あえて今毛人の進言によるとは言えぬまでも、彼が関与した官符であることは疑いがなかろう。

今毛人兄弟の造寺

今毛人は、宝亀四年二月十六日までは、確実に造西大寺長官を兼ねていた(『古文書』二一ノ二七六)。おそらくこの兼官は、六年六月、彼が遣唐大使に任命されるまで続いたのであろう。宝亀五年三月五日、兄の真守は兵部大輔を免じられ、専任の造東大寺次官となったから(『続紀』『古文書』二三ノ六一六)、今や佐伯兄弟は、そろって東・西両大寺の造営にあたることとなった。とは言え、多忙な左大辨の身であるから、今毛人が若い時分のように造寺の細部まで検察できなかったことは、当然である。むしろ長官としての彼の存在は、大局的に西大寺の造営を監督し、造寺に関して諸方面との関係を円滑にする意味で、はなはだ効果的であったとおもう。

西大寺西塔の竣功

神護景雲三年(七六九)四月二十四日、称徳天皇は、西大寺に行幸され、今毛人以下の官人に叙位されたが、その時に叙位にあずかった人びと(『続紀』)、ならびに大判官の外従五位下飛騨国造高市麻呂と橘部越麻呂(景雲二年二月十八日紀)などは、造西大寺司の幹部であったと認められる。西大寺の西塔は、宝亀三年（七七二）四月にはすでに完成していたし（『続紀』）、兜率天堂、すなわち弥勒金堂（『七大寺巡礼記』）も、宝亀二年十月には竣功し、それを造った大工（建築技師）の正六位上英保首代作は、外従五位下に叙されている（『続紀』）。問題は東塔であった。『続日本紀』（宝亀元年二月二十三日条）には、

東塔造営の不祥事

> 西大寺東塔の心礎を破却す。その石、大きさ一丈余、厚さ九尺、東大寺より東の飯盛山の石なり。初め、数千人をもってこれを引けども、日に去ること数歩。時にまたあるいは鳴る。こゝにおいて人夫を益し、九日にして至れり。即ち削刻を加へて、築基すでに畢んぬ。時に巫覡の徒、やゝもすれば石の祟りをもつて言をなす。こゝにおいて柴を積みてこれを焼き、灌ぐに三十余斛の酒を以てし、片々に破却して道路に棄つ。のち月余日ありて、天皇不念なり。これを卜するに、破石祟りをなすと。即ちまた拾ひて浄地に置き、人馬をしてこれを践ましめず。いまその寺のうち東南隅の数十片の破石、これな

り。（原漢文）

と記されている。これは時の勢いであって、あながち今毛人のみを責めるわけにはゆかないが、巫女（みこ）などの言に迷って何万人の労力や多大な財貨を無駄にしたことは、今毛人の一生における最大の失敗であった。これなどは、今毛人が若い時分のように、西大寺の造営に精魂を傾けていなかった証拠ともいえよう。

西大寺両塔の設計変更

東・西両塔の遺址を発掘した結果によると（『日本建築学会論文報告集』五四）、塔の基壇は八角形を呈し、直径八八尺を算している。最初の計画では、八角形の七重塔が建てられることになっていた。しかし八角形の塔にすると、その構造が非常に複雑となるので、最初の計画は変更され、普通の五重塔（『資財帳』によれば、高さ一五丈）が建てられたとみなされる。『日本霊異記（にほんりょういき）』（下）によると、西大寺の八角塔を四角に変え、七層を五層に減じた最高責任者である左大臣藤原朝臣永手（ながて）（宝亀二年二月薨去）は、この罪によって死後、閻羅（えんら）王の庁に召され、火柱を抱かされ、手に釘をうち込まれたという。この伝説は、四角の五重塔への計画変更が太政官の議をへ、勅裁をえてなされたことを暗示している。またこの変更が、当時なにかと取沙汰されたことを物語っている。責任の所在はともかくとして、この斬新な設計をついに見送った今毛人や益田連縄手には、もはや若い日の野心や情熱は、失われていたのであろう。

西大寺の完成

『西大寺資財流記帳』によると、西大寺に営まれた建物は、百棟を越している。しかしその大部分の建物は、宝亀四－五年ごろには竣工し、今毛人もなんとか造営の大任をはたすことができたのである。

今毛人の国守兼任

当時の政治における弊風のひとつは、国司の遙任（現地に赴任しないこと）や多数の員外官の任命であった。今毛人は、恩賞のような意味で、若いころには下総員外介を兼ねたこともあった。左大辨になってからの彼は、景雲三年（七六九）三月十日に因幡守を兼ね（『続紀』）、宝亀元年（七七〇）六月十三日には、代って播磨守を兼任した（『続紀』）。そしてこの兼任は、五年三月五日まで続いたのである（『続紀』）。

播磨守としての行動

これらはむろん遙任であって、国守としての給与は、任国から都にいる彼の私宅まで届けられる。これは、官が承認した上での遙任であったけれども、任国に問題が起れば、任地に出向くこともあった。例えば、宝亀四年二月、太政官の命によって今毛人は任国に赴き、播磨国の公収された位田（いでん）のうち、四天王寺に収めた残りの分百七十町を（景雲元年十一月紀）、一般民の口分田（くぶんでん）として班給する業務を遂行しているのである（『古文書』二一ノ二七三）。右大臣大中臣朝臣清麻呂の宣を承ってこの官符を下した従五位下左少辨小野朝臣石根（いわね）（万葉歌人で大宰大弐小野老の子）は、今毛人の信頼のあつい部下であったが、今毛人は図らずも彼を悲惨な運命に追いやることとなるのである。

道鏡に対する感情

第一回の左大辨の時代（七六七―七七五）において、今毛人はさまざまな経験を積んだ。弓削道鏡とその政権については、横田健一氏の『道鏡』（人物叢書）をはじめ、いくつかの著作が公けにされているので、ここではふれないでおく。道鏡は、特別な場合（少僧都慈訓や淡海三船）のほか、個人的な圧迫を加えなかった人物であり、今毛人などは、西大寺の造営を委任されていることからしてもわかるように、称徳天皇や道鏡から信頼されていたと考えられる。しかし太政官において常に白壁王（大納言）と接触し、また真備・宿奈麻呂（良継）・蔵下麻呂・宅嗣などと親交のあった今毛人は、おそらく道鏡に対してにがにがしい気持をいだいていたことであろう。

称徳天皇が崩御すると、例によって今毛人は、作山陵司の一人とされた（宝亀元年八月四日紀）。場所は、添下郡佐貴郷の鈴鹿王の旧宅のあった土地であった。老練な今毛人の監督のもとに山陵の営造はただちに開始されたと推測される。ところが道鏡は、この山陵予定地の梓宮（臨時に柩をおいたもがりの宮）にこもり、ひたすら先帝をしのんでいた（宝亀元年八月十七日紀）。もはや彼には、政権を維持しようとする意志はなかった。宝亀元年八月二十一日、白壁王は道鏡を下野の薬師寺の別当に任じ、即日、左大辨の今毛人と弾正尹の従四位下藤原朝臣楓麻呂を道鏡のもとに遣わし、下野国に向ってただちに旅立たせられた（『続紀』）。道鏡に反感はもっていたとしても、彼と道鏡との関係は永い歳月にわたるものであったから、今毛人にとって、それはまことに厭な役目であったとおもう。

光仁天皇の大嘗会

白壁王は即位して光仁天皇となり、宝亀二年十一月二十一日には、平城宮の太政官院(じょうかんいん)（大極殿ではない）において大嘗会(だいじょうえ)（即位ののち、はじめて行われる新嘗祭）が盛大に催された。物部氏を代表して参議従三位石上朝臣宅嗣・従七位上榎井(えのいの)朝臣種人(たねひと)らは、神楯桙(かむたてほこ)を樹(た)て（両氏は物部氏）、大伴・佐伯両氏を代表して、大和守従五位上大伴宿禰古慈斐(こじひ)（時に七十七歳）と左大辨の今毛人が門を開いた（門をまもるのは、大伴・佐伯両氏の伝統的な任務）。今毛人は、佐伯一門の代表者となっていたのである（『続紀』）。

今毛人は、陵墓づくりの専門家と目されていたが、葬儀の世話もたびたび命じられた。宝亀二年二月二十二日に左大臣藤原朝臣永手(ながて)が薨去した時も（『続紀』）、同四年十月十四日に難波(なにわの)内親王（光仁天皇の姉）が薨じた時も（『続紀』）、そうであった。今毛人は、葬儀ばかりでなく、塋域(えいいき)の選定や造営にも、あずかったと推察される。

遣唐使派遣の計画

宝字六年（七六二）の第十三次遣唐使ののち、遣唐の挙は、しばらく絶えていた。これは、国内事情もさることながら、新羅との関係が悪化して北路がとりにくいために危険が多く、第十二・十三次とも計画が失敗した経験によるためであった。しかし光仁朝になると、使節の派遣が問題となり、宝亀二年（七七一）には第十四次遣唐使の準備が開始された。すなわち、同年十一月一日、安芸の国司に使を遣わし、入唐使の舶四隻を造ることが命じられた（『続紀』）。宝亀四年二月になると、政府は造西大寺主典従六位下物部和麻呂その他を入唐船の進水のため、安芸国に遣わしている（『古文書』二一ノ二七六・二七七）。入唐船は、このころに進水し、二年の末には、艤装を終っていたものと認められる。しかし遣唐使の差遣はかなり遅れ、宝亀五年六月十

遣唐大使に任命

九日にいたって、ようやく遣唐使の任命があった（『続紀』）。

大使　正四位下佐伯宿禰今毛人

副使　正五位上大伴宿禰益立

従五位下藤原朝臣鷹取

判官・録事　各四名（録事の一人の葉栗翼（たすく）は、准判官の待遇をうけた）

確実な証拠はないけれども、今毛人は、入唐についてはどうも気が進まなかったらしい。それはおそらく、往復の海路があまりにも危険であることや、息子の三野の健康がすぐれなかったことによるものであろう。今毛人は、左大弁の資格で遣唐大使に補されたのであり、ひき続いてこの地位にあったけれども、左弁官局の仕事の方は、大使任命と同時に中弁や少弁に委せることが多くなったとおもわれる。宝亀三年ごろから左弁官局で彼をたすけていたのは、左中弁の大伴宿禰家持と左少弁の小野朝臣石根であった。家持は、五年三月に相模守に転出し、石根が左中弁に昇格し（『続紀』）、今毛人が入唐の準備中と在唐の間、局務をみることとなったのである。

遣唐使への宣命

宝亀七年になると、準備万端が整い、船舶も難波に廻漕・待機するにいたったと見え、四月十五日、今毛人と益立とは、光仁天皇に拝謁を仰せつけられ、節刀(しるしのたち)を授けられた上、つぎのような宣命を賜わった（『続紀』）。

天皇(すめら)が大命(おほみこと)らまと、唐国(もろこしのくに)に遣はす使人(つかひ)に詔(のたま)ふ大命(おほみこと)を、聞き食(たま)へと宣(のたま)ふ。

今詔(のたま)はく、佐伯今毛人宿禰・大伴宿禰益立(ましたち)二人、今汝等(いましたち)二人を唐国(もろこしのくに)に遣はすことは、今始めて遣はすものにはあらず。本(もと)より朝(みかど)の使其の国に遣はし、其(か)の国より進(また)し渡(わた)しけり。此れに依りて使の次(つぎて)と遣はすものぞ。此の意を悟りて、其(か)の人等(ひとども)の和(にぎ)み安(やす)み為(す)べく相(あひ)言(い)へ。驚(おど)ろ驚ろしき事(ことわざ)行なせそ。亦遣はす使人(つかひ)判官(まつりごとびとよりしも)已下、死罪(ころすつみよりした)已下犯すことあらば、罪に順(したが)ひて行へとして、節刀(しるしのたち)給はくと詔(のたま)ふ大命(おほみこと)を、聞き食(たま)へと宣ふ。

【語釈】「らま」は、強意の接頭辞で、「まま」という意味。山田孝雄氏の説にしたがう。

【釈文】

天皇の命令として遣唐使に仰せくだす命令を、承るようにといって、述べきかせる。

今、仰せられるには、佐伯宿禰今毛人・大伴宿禰益立の二人よ、いま汝たち二人を唐に遣わすのは、今初めて遣わすものではない。もとからわが国の使節をかの国に遣わし、かの国からもまた使節をよこしていることである。この故に、こちらから使節を遣わす順番として遣わすものである。この意味をよく了解し、かの国の人びとがこちらに対して和やかな気分になり、安らかな気持になるよう話し合うように。仰々(ぎょうぎょう)しいふるまいをしてはならない。また遣わす使者のうち、判官以下の者が死刑以下の罪を犯すようなことがあったならば、罪状に準じて刑を執行せよ、という訳で節刀(せっとう)を賜うと仰せられる命令を、承るようにと述べきかせる。

遣唐使の離京

今毛人ら遣唐使の一行は、ただちに出発し、難波の三津浦(みつのうら)（大阪市南区三津寺町）から乗船し、肥前国松浦郡の合蚕田浦(あこたのうら)に赴き、ここで順風を待つこととなった。しかし順風がえられないままに出発できないでいる間に秋となったので、博多湾の大津にひきかえした。閏八月になって今毛人は書を奉って、事情を述べ、来年の夏に渡海したい旨を請うた。そこで同月六日勅を下し、来年適当な時期に出発する件については、そちらからの奏上によってきめること、使節の一行と水手（かこ）（手漕）はそちらで待機し、時期がきたら進発することが命じられた（『続紀』）。一行は、大宰府にひきあげて待機することとなった。

今毛人の入京

ところが大使の今毛人は、十一月十五日、大宰府より還り、節刀を返上した。しかし副使の二人は、大宰府に留まって待機していた。『続日本紀』（宝亀七年十一月十五日条）は、右の行為について、「時の人、これを善（よ）しとなす」と記している。これは、今毛人の処置をほめた言葉か、あるいは副使二人をほめ、今毛人を暗に批難した言葉か判断に迷うが、おそらく後の方の意味ではなかろうか。この年には、八月十三日に台風はあったけれども、特別に台風のあたり年であったわけではない。順風をえないというのは、明らかに口実であった。今毛人らは、後代の菅原道真と同様に、危険この上ない航海を忌避していたのであろう。

遣唐副使の交替

十二月十四日となって、副使の交替が行われ、左中辨の小野朝臣石根（これは、今毛人が推薦したに違いない）と、備中守従五位下大神朝臣末足が副使に任命された（『続紀』）。翌年四月十七日、今毛人はまた節刀を授けられ、天皇に出発の挨拶をして難波に向った。しかし今毛人は、羅城門にさしかかった時に「病を称し」、平城京にとどまった（『続紀』）。

今毛人の入唐中止

五日ほどたった四月二十二日、今毛人は病を冒して出発し、難波にある摂津職司にたどりついたが、ここでまた病が重くなり、何日たってもよくならないのであった。そこで天皇は、副使に勅し、先発して向うで待機すること、そして順風があったらかまわないで進発することを命じられた（『続紀』）。今毛人の病は、一向によくならなかった。そこで六月一日に副使二人に勅を下し、「大使の今毛人、身の病いよいよ重くして、途に進むに堪えず」と告げ、大使のないままに進発するよう命じられた（『続紀』）。

今毛人の心境

今毛人の病気は、仮病であったとは考えられない。彼もすでに五十八歳であったから、なにかの病気で重態に陥ったものとおもわれる。しかし遣唐使に関するかぎり、今毛人の行動には、なにかしらすっきりしないものが感じられる。これまでの歴史家たちの見解も、ほとんどすべて今毛人の「忌避」をみとめているようである。しかしそのお蔭で彼は、命を全うすることができたのである。翌年十一月、今毛人は、小野石根らの難破・漂没の報に接し、どのような感慨を抱いたことであろうか（角田「葉栗臣翼の生涯」『古代文化』一〇ノ二・三）。

今毛人の病解

宝亀八年六月から十年九月までの今毛人の消息は、まったく不明である。彼の病気は、要するに、過去三十余年にわたる激務の結果であった。もはや老齢に達したことでもあり、病気の恢復は容易でなかったであろうし、また予後（よご）の静養も、長期間を要したのであろう。ただひとつ確実なのは、宝亀八年十月十三日に、今毛人が左大辨を免じられ、参議藤原朝臣是公（これきみ）がこれを兼任するにいたったということである。これから推察すると、彼の健康は、「選叙令」の規定する一二〇日をすぎても恢復せず、そのため任を免じられて散位（さんい）となり、ひたすら静養していたのではないかとおもう。

佐伯三野の死

宝亀十年二月六日には、永らく病床にあったとおもわれる今毛人の息子――散位従四位下佐伯宿禰三野――が逝去した（『続紀』）。享年四十歳前後であったであろう。三野の息子は、少なくとも二人あり、一人は三松（みまつ）といった（『平安遺文』一ノ二四二）。三松は、承和六年（八三九）正月に外従五位下を授けられ（『続日本後紀』）、最後には正五位下に叙された人物であるが、ほとんど地方官として一生を過したようである（『平安遺文』一ノ二四二）。それはともかく、三十二歳前後で陸奥守兼鎮守将軍に任じられ、いたく将来を嘱望されていた息子の死は、どれほど大きな打撃を今毛人に与えたことか。これによって今毛人が出仕する機会は、またもや延引したのではないかとおもう。還暦を前にして今毛人は、人生の表裏や哀歓をさまざま経験し、深い反省も加わって、彼の人柄はしだいに円熟していったに相違ない。そして宝亀十年九月から、彼の第二の人生がはじまるのである。

八　長岡京

大宰大弐に再任

宝亀十年（七七九）九月四日、佐伯宿禰今毛人は、大宰大弐に再任され（『続紀』）、筑紫に赴任した。時に、六十一歳であった。大宰帥は、内大臣従二位の藤原朝臣魚名（北家の房前の第五男）が兼ねていたから、前と同様に今毛人は、大宰帥としての職務をとらねばならなかった。

大宰府の任務

そのころ、日本と新羅との緊張もいちおう緩和していたけれども、日本の門戸たる博多を管轄する大宰府の任務は、はなはだ重要であった。宝亀十一年六月（『続紀』は七月とする）二十六日の勅にも、「筑紫の大宰は、西海に僻居す。諸蕃朝貢し、舟檝相望めり。こゝによつて、士馬を簡練し（選び訓練し）、甲兵を精鋭にして、もつて威武を示し、もつて非常に備えよ」とみえているのである（『三代格』巻一八）。今毛人は、博多を中心とする防衛体制を強固に維持するとともに、外国の使節を応待し、それについて中央に指示を仰がねばならなかった（宝亀十年十月九日紀）。

志賀嶋の風俗楽

この時分の今毛人について遺っている逸話は、彼が宝亀十一年、毎年春秋の香椎廟宮の祭礼の日に、志賀嶋の白水郎の男女各十名が奏する風俗楽のために、彼らの衣裳を作ってやったことである（貞観十八年正月二十五日紀）。香椎廟宮は、現在の香椎宮（筑前国糟屋郡香椎郷、今は福岡市東区香椎）であり、大伴氏とは関係の深い神社であった（『大宰管内志』筑前九）。志賀嶋は、「漢委奴国王」の金印の出土によって著名であり、博多湾頭にある小さい島である（福岡市東区志賀島）。志賀嶋の「白水郎」のことは、『万葉集』に散見している。彼らは、香椎宮の祭日に、神前においてその島独特の歌舞を奏したものとみえる。香椎宮は、国家の尊崇があつく、また大伴氏と関係の深い神社であるばかりでなく、その歌舞はなかなか興味深いものであったために、今毛人は右のような措置をとったのであろう。彼が作ってやった衣裳は、その後百年近くも着用されていた（貞観十八年正月二十五日紀）。

藤原浜成の左遷

天応元年（七八一）四月十七日、参議従三位藤原朝臣浜成（京家の麻呂の長男）が大宰帥に任じられた（『続紀』）。『歌経標式』や『天書』の著者として知られる浜成の場合は、遥任ではなく、左遷の意味で赴任を命じられたのである。ところがやっと着任したとおもわれる六月十六日に、彼は員外帥に降された。そして大弐の今毛人には、「宜しく（彼を）釐務（行政上の仕事）に預らしむることなかるべし。但し、公廨（府から給与する米）は、帥の三分の一を賜え。府中の雑事は、一事已上（なにからなにまで）、今毛人らこれを行へ」という勅命が下された（『続紀』）。これまでも今毛人は、当時の文化人といろいろな関係が結ばれていたが、これでもうひとつの関係ができたのである。

大伴家持の地位

文化人の大伴宿禰家持は、すでに宝亀十一年二月に参議に任じられていた（『続紀』）。そして彼は、翌天応元年四月十五日、今毛人といっしょに正四位上に叙され（『続紀』）、五月には左大辨を、八月には左大辨のほかに春宮大夫を兼ね、十一月には従三位に昇叙された（『続紀』）。いつまでたっても老成しないのは、家持の長所であると同時に短所であったが、その彼は、翌延暦元年（七八二）閏正月、氷上川継（ひかみのかわつぐ）事件に連坐し、解任（げにん）された上、平城京の南の郊外に蟄居することを命じられた（『続紀』）。

左大辨に再任

　延暦元年四月二十七日、今毛人はまた左大辨に任じられ（『続紀』）、家持が解任されて空席となっていたその地位を襲うこととなった。想えば、第二回の大弐生活は、二年七ヵ月に及んだのである。この期間には、さいわいにさしたる事件もなく、防衛・行政・外交の任務を無事はたすことができたのである。防衛については、彼は天平四年（七三二）、藤原宇合（うまかい）が定めた方式にしたがって兵力を配備し（宝亀十一年七月十五日紀）。軍団の充実をはかり（前記）、怡土城や大津城の守りを固めたことであろう。

従三位に昇叙

　中央にもどった後の今毛人の生涯は、もはや坦々としていた。延暦元年六月二十日には大和守の兼任を命じられ、翌二十一日には従三位に叙され（『続紀』）、齢（よわい）六十四歳にしてようやく彼は三位の位に昇ることができたのである。それは、これまで佐伯氏の官人の誰ひとりとして叙されたことのない高位であった。従三位ともなれば、位田・季禄（きろく）の額が増大するばかりでなく、食封（じきふ）百戸が給され、家司（けいし）（自分の公式な事務所）を設け、家令（けりょう）一人・書吏（しょり）一人をおくことができるのである。それに彼は、大和守をも兼ねたから、その職田（しきでん）もまた加わったのである。

今毛人と種継

今毛人は、桓武天皇の信任がきわめて篤かったし、また天皇の寵臣の参議藤原朝臣種継（たねつぐ）（種嗣と書くのが正しい。二二〇ページ挿図参照）にも信頼されていたようである。もはや今毛人の人柄は円満となり、門閥意識によって他人と摩擦を生ずるようなことはなかったと推量される。『水鏡』（下巻）には、

（延暦四年）八月に、ならの京へ行幸侍りき。こぞ、都、なが岡にうつりにしかども、斎宮（朝原内親王）は猶、ならにおはしましゝかば、伊勢へくだらせ給べきほど、ちかくなりて、行幸ありしなり。長岡の京には中納言種継、留主にて候しを、みかどの御をとゝの早良（さわら）の親王、東宮とておはせしが、人をつか

はして、いころさしめ給てき。ことのおこりは、みかどつねに、こゝかしこに行幸し給て、世のまつりごとを、東宮にのみあづけたてまつりしかば、天応二年に、佐伯今毛人といひし人を、宰相になさせ給たりしを、みかど、かへらせ給たりしに、この種継、佐伯の氏のかゝることは、いまだ侍らずと、御門に申しかば、宰相をとり給て、三位をせさせ給てしを、東宮よにくちおしきことにおぼして、種継をたまはらんと申しを、みかど、むづかり給て、さらにきゝ給はずして、この後、東宮に、まつりごとをあづけたてまつり給こと、なく也にしを、やすからずおぼして、そのひまを、としごろうかゞひ給つるに、よきおりふしにて、かくし給つるなり。……

と記されている。

『水鏡』の所伝

すなわち延暦四年八月、桓武天皇は平城へ行幸されたが、これはまだ平城にとどまっていた斎宮の朝原内親王がいよいよ伊勢に向おうとされたので、内親王に会われるためであった。長岡京には、中納言種継が留守をしていたが、東宮であった皇弟の早良（さわら）親王は、人を遣わして、この種継を射殺させてしまった。事の起りは、こうである。天皇は、平常ここかしこと行幸をされておって、政治の方は東宮に委せておられた。そこで東宮は、天応二年（延暦元年）に、佐伯今毛人という人を参議に任じられた。天皇が還御された時、この種継は、「佐伯氏がこのような地位についたことは、いまだかつてございません」と天皇に申し上げた。そこで天皇は、今毛人を参議からはずし、三位に叙された。東宮は、これを実に口惜しいことにおもわれ、「種継の命を貰いうけたい」と天皇に申された。天皇は、煩わしくおおもいになって聴き入れられなかったばかりでなく、その後、東宮に政治を委ねられることがなくなった。それを東宮は不満におもわれ、このところ機会をねらっておられたが、平城行幸を絶好の機会であるとし、かようなことをされたのである、というのが『水鏡』の所伝である。

藤原種継と早良親王（崇道天皇）との確執に関する記事は、現存の『続日本紀』から削除されているので（「弘仁元年九月十日紀」参照）、この問題を充分に明らかにすることはできない。私見では、『水鏡』の記事は、佐伯今毛人については、内容が逆であるとおもう。つまり今毛人の参議任用に反対したのは皇太子であり、種継の動議によってそれが強行されたので、それが確執を深める原因となったものと考えるのである。

じっさい佐伯今毛人の閲歴や功績からすれば、彼は景雲元年（七六七）ごろ、四十九歳くらいで参議に補されていてよいはずである。しかし佐伯氏は大伴氏の支流であり、大伴氏に較べると、家柄はずっと下であった。公卿に関しては門閥意識の強い当時のことであったから、これまで一人も参議以上を出したことのない佐伯氏に生れた今毛人は、いかに有能であっても、そうたやすく執政の地位にのぼることはできないのであった。早良親王は、旧豪族が支持した事実からも推知されるように、保守的傾向を帯びていたとおもわれる。したがって前例のない参議任用に反対したのではあるまいか。

これに対して桓武天皇は、参議の任用に関しては、あまり前例にこだわられなかった。和朝臣家麻呂の場合は、かならずしも好例とはいえないが、中納言従三位に達したこの人物について、『日本後紀』（延暦二十三年四月二十七日条）は、つぎのように述べている。

……その先は、百済国の人なり。人となり木訥にして才学なし。帝の外戚なるをもつて特に擢進を被る。蕃人、相府に入るは、此れより始れり。人位余りあり、天爵足らずと謂ふべし。その貴職に居るといへども、故人に逢へば、その賤を嫌はず、手を握りて相語る。見る者感ぜり。時に年七十一。（原漢文）

桓武天皇の母君は、百済系の高野新笠であったため、天皇は右のような人事を行われたのであるが、一体に天皇は人材登用主義をとり、門閥に必ずしも煩わされなかった。それは、坂上田村麻呂や菅野真道・秋篠安人などを参議に起用されたことからも、うかがい知られるであろう。ましてや佐伯氏は、古来の名門であった。世紀の大事業（東大寺や西大寺の造営）を果たして名声の高い今毛人を参議に登用することに反対されたとはおもわれない。現に今毛人は、延暦三年に、参議に任じられているのである。

藤原種継の性格

藤原朝臣種継は、良継・蔵下麻呂・田麻呂なき後は、光仁天皇を擁立し、山部親王（桓武天皇）を陰謀によって皇太子に立てた叔父の藤原百川の功績を一身に背負い、急速に昇進した人である。しかし桓武天皇が愛顧されたのは、種継の鋭い積極的な性格にあったとおもう。『続日本紀』（延暦四年九月二十四日条）も、彼について、「天皇、はなはだこれを委任して、中外の事、みな決を取る」（原漢文）と述べている。長岡遷都が種継の建議に出たことは、周知のとおりである。

積極的な人物は、あまり前例にこだわらぬものである。長岡京への遷都とその経営は、種継が生涯をかけた大事業であった。その彼が長岡京の造営について、

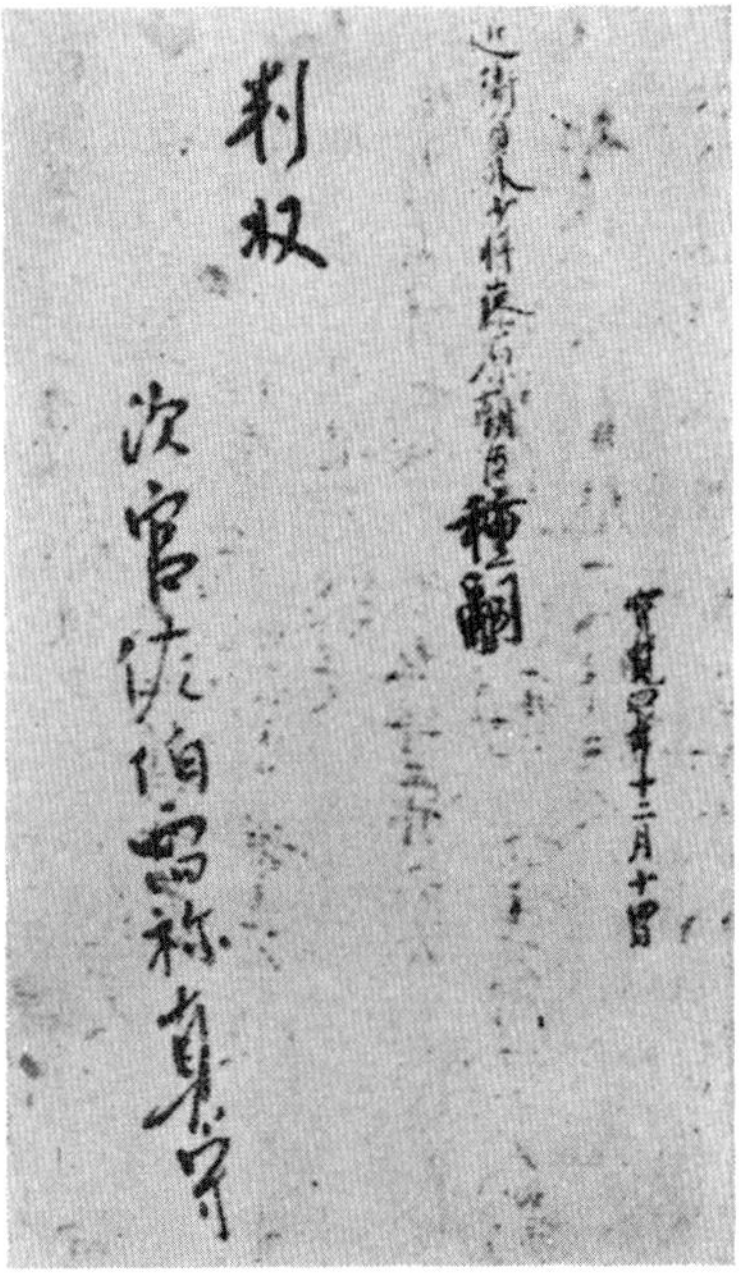

第19図　藤原種継（種嗣）と佐伯真守の署名（種嗣は名のみ自署）
（『正倉院文書』）

自分のよき協力者として選んだのは、ほかならぬ佐伯今毛人の宿禰であった。以上のように考えてくると、今毛人の参議登用に反対したのは、むしろ皇太子早良親王であり、これを建議したのは種継であり、そしてこれを強行したのは桓武天皇であったと帰結せねばならなくなるのである。

第二回の左大辨時代の今毛人の業績については、史料の不足からよくわかっていない。今毛人のような人柄からすれば、光仁・桓武両天皇の政策は、彼が心か

皇后大夫兼任

ら協賛を惜しまなかったところであるとおもわれる。桓武天皇は、延暦二年四月十八日、藤原朝臣乙牟漏（良継の娘）を立てて皇后とされた。そして翌々日（四月二十日）には、左大辨兼大和守の今毛人を兼皇后大夫に任命された（『続紀』）。この一事だけをもってしても、今毛人が天皇の信任をえていた事実が推知されるのである。

些事ではあるが、当時の今毛人の動静を伝えている史料が、ただひとつ遺されている。それは、太政官が延暦二年六月十七日に東大寺三綱所に宛てた「太政官牒」である（『古文書』三ノ八四・八五、『東大寺文書』『平安遺文』一ノ一）。ここでは、左大辨の今毛人は、大納言正三位藤原朝臣是公（武智麻呂の孫で、乙麻呂の長男）の奉勅命令を受け、摂津国西成郡にある東大寺の荘園が駅家を設けるため接収されるので、その代りとして、東成郡の勅旨荘（後の新羅江庄）を与える旨を伝達しているのである。

長岡遷都の計画

延暦元年三月九日、従四位上でありながら種継は、参議に任じられた（『続紀』）。そして四月十一日には、財政緊縮政策がうち出され、「いま宮室居るに堪え、服翫（服衣その他手まわりの小道具）用に足れり」として造宮省その他が廃止された（『続紀』）。これは、おそらく種継の秘かな建議にもとづく遷都の伏線であったのであろう。延暦三年における長岡遷都については、別々に考察されねばならぬ二つの問題がある。そのひとつは、都制の整った平城京からなにゆえに都を他にうつさねばならなかったか。他のひとつは、新都としてなにゆえに山背国乙訓郡長岡村（京都府向日市と長岡京市）が選定されたか、という問題である。

長岡遷都と秦氏

第一の問題については、その理由は、桓武天皇が念願されていた諸政刷新と律令体制の強化のためには、平城京はあまりにも因襲の地と化していたことに求められよう。第二の問題については、喜田貞吉氏の有名な所説がある（『帝都』）。喜田氏は、天平十八年（七四六）三月、主計頭に任じられた秦忌寸朝元（六八ページ参照）の娘が種継の母であったこと（『公卿補任』）に注意する。当時、帰化人の秦氏は、官界にこそあまり進出していなかったが、その氏人は全国にわたって非常な数におよんでいたばかりでなく、その財力によって隠然たる勢力を占めていた。そして太秦（うずまさ）の広隆寺・伏見の稲荷神社・平野神社・松尾神社などによって知られるように、秦氏の本拠は、山背国の北部（葛野郡・愛宕郡・乙訓郡）にあった。都を山背国北部にもってくることは、秦氏の最も欣ぶところであり、当然、彼らの熱心な財政的な協力が期待される。ましてて秦氏につながる種継がその提唱者であってみれば、秦氏の協力は、決定的である。のみならず時は、帰化人の女を母とする桓武天皇の治世であり、帰化人の秦氏が進出する絶好の機会である。

種継は実に其の姻戚秦氏の資力によつて、多年弊竇（へいとう）の蟠（わだかま）れる平城の地を去り、大伴・佐伯等従来藤原氏の栄達に対して快（こころ）よからぬ旧家を出しぬき、平城に比して更に数層の交通上の便利ある長岡の地を、秦氏根拠地のほとりに選定して、以て自家の権勢を固めようとしたに相違ない。……資金を給した秦氏亦、種継と相寄り相俟つて、有形・無形の利益を得べかりし黙契があつたに相違ない。

喜田氏は、右のように論じている（『帝都』二二八・二二九ページ）。これは、確証はないにしても、充分に考慮される所説であるとおもう。山背国の北部が平城京にくらべて交通の便のよいことは、いわずとも明らかである。しかし同じく山背国北部でも、低平地が少なく、洪水の危険の多い長岡村になにゆえに都がうつされたかについては、喜田氏の所説は、まだ説得力が充分でないようである。

長岡への視察使

延暦三年（七八四）五月十六日、天皇は、今毛人を加えたつぎのような人びとを遣わし、乙訓郡長岡村の地を相せしめられた（『続紀』）。

中納言正三位藤原朝臣小黒麻呂
中納言従三位藤原朝臣種継
左大辨従三位佐伯宿禰今毛人
参議近衛中将正四位上紀朝臣船守

参議神祇伯従四位上大中臣朝臣子老
右衛士督正四位上坂上大忌寸苅田麻呂
衛門督従四位上佐伯宿禰久良麻呂
陰陽助外従五位下船連田口

これらの人びとが視察使であり、これに相当数の随行者が加わって視察団が構成されたわけであるが、視察使の人選が種継によって行われたことは、想像に難くないのである。長岡遷都は既定の事実であり、この視察は、形式的なものにすぎなかった。

長岡京の景観

今日でも、東海道線神足駅から山崎駅にかけての間、窓外から西の方の景観をみれば明らかであるように、古の長岡京の地は、西山の山麓台地（地形の高低が少ない）と、桂川の冲積地とからなっている。右京が設定された台地の方は、西山に寄りすぎているし、左京の東半がかかる冲積地の方は、湿気が多く、水害の危険が多い。

もしこの視察使が白紙の立場から長岡村の地を検討したならば、彼らは否定的な結論に達したことであろう。

造長岡宮使に任命

にもかかわらず遷都の件は決定され、六月十日には、上記の種継・今毛人・船守を含めた十名の造長岡宮使が八名の判官を付して発令された（『続紀』）。種継が長官、今毛人が次官という形であった。種継がいかに今毛人の声望と力倆をたのんでいたかが了解されるであろう。

長岡遷都

長岡宮の造営は、急速度をもって進められ、早くも十一月十一日には、天皇は長岡京に移られた（『続紀』）。天皇が移幸するまでの造作を長岡京造営の第一期とするならば、今毛人はこの第一期工事には直接関係しなかったらしい。十二月二日、造宮に功のあった官人らは位階を進められている。種継は正三位に叙されているが、次官格の今毛人は叙位者の中にはみえていない。その代り彼は、同じ日に、

参議に昇進

待望の参議に任命された（『続紀』）。前後を通じて佐伯氏のうちで、相府（しょうふ）にはいったの

は、今毛人ただひとりだけである。彼の喜悦は、いかほどであったろうか。

長岡宮の第一期工事が急速に進められているころ、すなわち十月二十八日、内大臣藤原朝臣良継の未亡人で、尚蔵(くらのかみ)兼尚侍(ないしのかみ)従三位の阿倍朝臣古美奈(こなみ)（皇后の母）が薨去した。例によって今毛人は遣わされ、葬儀万端の世話をしたのである（『続紀』）。このことだけでは明言できないが、これと造宮の功で受爵しなかったことから想定すると、おそらく彼は平城京におり、工事には直接関係しなかったのであろう。むろん彼の家令は長岡京において、彼自身の邸宅を用意していたはずである。

延暦三年十一月十一日、天皇は長岡京に移られたが、皇后は母君が薨去してからまだ日がたっていないので、平城宮にとどまられた（『続紀』）。今毛人も、皇后宮大夫という職責上、古京に残っていたのではないかとおもう。皇后がいつ長岡京に移幸されたかは、明瞭でない。おそらく年がかわって延暦四年となってから早々に新京に赴かれ、今毛人もまたこれに随ったのであろう。

そのころ、大伴宿禰家持は、中納言従三位兼春宮大夫陸奥按察使鎮守将軍であって、陸奥国におった（「延暦四年四月一日紀」）。彼は、はるかに遷都の話をきき、種継の独走的な活躍を耳にし、内心にがにがしくおもっていたことであろう。早良親王もまた重大な政事が皇太子を黙殺して、天皇と種継との間で進められて行くことに、不満を覚えておられたものと想察される。春宮大夫の家持は、陸奥国にあったけれども、皇太子は、春宮亮紀朝臣白麻呂・春宮少進佐伯宿禰高成・左少辨大伴宿禰継人・大蔵卿藤原朝臣雄依（北家の永手の子）・右兵衛督五百枝王・造東大寺次官林忌寸稲麻呂・右京亮大伴宿禰永主（家持の子）・大和大掾大伴宿禰夫子など種継に反感をもつ分子を知っておられ、ひそかに期するところがあったようである。この辺の事情は、削除されない『続日本紀』を抄出した『日本紀略』の方が、記事がくわしいのである。

大伴宿禰家持が陸奥国からひきあげて新京に帰ったのは、延暦四年の夏であったと推定される。大伴継人は、父の古麻呂が仲麻呂のために無惨な最後をとげたことに、骨身に徹する怨みを抱いていたに相違ないし、また頭をもたげてきた藤原氏の種継に非常な反感を覚えていたのであろう。彼は、佐伯高成とともに、帰京した大伴家持を訪ね、種継の暗殺について援助をもとめた。いつまで経っても老成できない家持は、この暗殺に賛成したので、彼ら二人はその旨を皇太子に伝え、準備はひそかに進められた（『紀略』）。

今毛人の立場

佐伯今毛人は、大伴・佐伯氏においては、家持と相並ぶ元老であった。しかし彼は、この密謀には、まったく関係していなかった。継人や高成は、種継と親しい今毛人には、計画をもらさなかったであろう。もはや老成した今毛人は、種継とは親しくとも特別な関係を結ぼうとはしなかったし、また宝字七年の密謀の失敗をよい戒めとしていたとおもう。あまりにも波瀾と浮沈の多かった平城京時代を生きぬいてきた今毛人は、おのずから高級官人としての処世術を会得（えとく）していたのであろう。

暗殺の結果

延暦四年九月二十三日、種継の暗殺はついに決行された（『続紀』）。しかしそれは、皇太子のいたましい死を、そしてやがては長岡京の廃棄を将来し、また首謀者たちの意図とは反対に、大伴氏に再起しがたいような打撃をもたらしたのであった。暗殺事件より前に薨去した大伴家持は、位階を剝奪されたうえ（「延暦四年八月二十八日紀」）、越前国加賀郡にあった彼の田地一〇〇余町は、官に没収されたのであった（三善清行『意見封事』）。今毛人はこの事件に無関係であったにせよ、それはいたく彼に打撃をあたえた悲劇であったに相違ないのである。

今毛人と長岡京

種継の横死によって、長岡京の造営は、予想以上に頓挫（とんざ）をきたした。相府（しょうふ）には、第一期の造営に関係した二人の中納言——紀朝臣船守と石川朝臣名足（なたり）（年足の子）——がいたけれども、造長岡宮使の次官のような立場におかれていたため、それに土木関係の権威者と目されていたため、造営事業の責任は、おのずから今毛人に課されるにいたったらしい。確実な史料とはいいがたいが、『延暦僧録』(第五)の「東大居士伝」には、「延暦の年、勅して造長岡京別当とす。夙夜、翹励し(大いに励んで)、務め勤王に在り。邑都を迁し(巡廻して)、天慮に契へり。」と記されている。おもうに彼は、造長岡京司の別当に補され、種継なき後の長岡京の造営を命じられたのであろう。そして今毛人は、最後の奉公としてこの事業にうち込み、老軀に鞭うって都内を巡視し、工事を監督したのであろう。

長岡京造営の遅滞

長岡宮の主要な殿舎が一応完成したことは、文献と遺跡の上から証明されるが、しかし完成をみることはできなかった。また条坊制は布かれ、班給された宅地には、官人の邸宅も一応建てられはしたであろうが(『平安遺文』一・二)、街路設備その他は、未完成のままで終ったであろうと想定される。喜田貞吉氏は、種継の横死の後、秦氏の協力がなくなったことに、造営事業の失敗の理由を求められている。むろん、事業の不成功は、今毛人の責任ではないが、彼自らは大いに焦慮を覚えたことであろう。

延暦七年九月二十六日の詔には、長岡宮について、「而して宮室いまだ就らず、興作稍多し。徴発の苦、頗る百姓にあり」と記されている（『続紀』）。さらに三年をへた延暦十年にいたっても、宮門すらが未着工のような状態であった。それで同年九月十七日には、平城宮の諸門を長岡宮に移建するように諸国に命令が下されたのである（『続紀』）。たしかにこれは、憂慮すべき状態であったといえよう。

佐伯今毛人は、延暦四年六月十八日、正三位に叙され（『続紀』）、ついで七月六日には、民部卿を兼任した（『続紀』）。正三位参議であって、皇后宮大夫・大和守・民部卿を兼任した今毛人は、給与の方もいちじるしく増加したのである。正三位は、位封が一三〇戸、位田が四〇町、季禄が絁一四疋・綿一四屯・麻布四二端・鍬八〇口であり、そのほか参議の職封四〇〇戸（？）、国守としての職分田や公廨稲その他が加わると、収入は莫大なものとなったのである。

大宰帥兼任

延暦五年四月十一日、今毛人は、三つの兼官を解かれ、大宰帥の兼任を命じられた（『続紀』）。これは、むろん左遷ではなく、大宰帥という地位に重みをもたせ、一方では兼任者の収入の増加をはかる目的をもつもので、今毛人が現地に赴任したのではなかった。この延暦五年において、太政官はつぎのような執政によって編成されていた（『公卿補任』）。

そのころの執政

右大臣　従二位　藤原朝臣是公　中衛大将
大納言　従二位　藤原朝臣継縄（つぐただ）　民部卿・春宮傅・造東大寺長官
中納言　正三位　藤原朝臣小黒麻呂　中務卿
中納言　従三位　石川朝臣名足　皇后宮大夫・播磨守・兵部卿
中納言　従三位　紀朝臣船守　式部卿・近衛大将・常陸守
参　議　正三位　佐伯宿禰今毛人　大宰帥
参　議　正四位上　神王（みわの）　弾正尹

参　議　正四位下　大中臣朝臣子老　宮内卿

参　議　従四位上　紀朝臣古佐美　左大辨・春宮大夫・中衛中将・但馬守

多くの人びとが今毛人を越えて昇進して行くのは、門閥の関係であった。しかし今毛人は、今さらこのようなことには不満をいだかなかったであろう。むしろ彼は、佐伯氏の出身でありながら前例を破って参議に任じられたことに、この上ない満足と喜悦を覚えていたのではなかろうか。

今毛人の奏状

しかし参議に就任して以来の今毛人が長岡京の造営のほかにどのような政績を遺したかとなると、ほとんど判然としないのである。長岡京時代は、不安定な時代であったためもあって、史料はきわめて少なく、限られているのである。わずかにわかっているのは、延暦四年の五月初旬、「参議従三位行左大辨兼皇后宮大夫大和守」の今毛人がつぎのような奏状を上呈したということである（延暦五年五月十九日紀）。

> 去る四月晦日、赤雀一隻ありて皇后宮に集り、或ひは庁上に翔り、或ひは庭

中に跳(おど)り梁(はし)れり。貌(かたち)はなはだ閑逸にして、色も亦奇異なり。晨夕栖息(しんせきせいそく)して、
旬日去らず。

京都市付近は、全国でも屈指の小鳥の棲息地帯である。平城から長岡に移った大宮びとたちは、山背国北部にきたってまず珍しい小鳥に驚かされたのであろう。天皇は、これを所司に研究させられたところ「赤雀は瑞鳥なり。王者、己(おのれ)に奉ずること倹約にして、動作天時に応ずる時は則ち見る(あらわ)」という勘文(かもん)があった。そこで天皇はいたく慶(よろこ)ばれ、五月十九日、官人たちの位階を一級進め、山背国の今年の田租を免じられた（『続紀』）。当時の環境にあっては、このような事柄も、今毛人の政績のひとつに数えられるのである。

今毛人の致仕

延暦八年（七八九）正月九日、今毛人は上表して致仕(ちし)（七十歳以上に達しての退任）を願いでたが、天皇は詔してこれを許された（『続紀』）。今毛人は、「選叙令」に、「およそ官人、年七十以上なれば、致仕を聴(ゆる)せ。五位以上は、表を上(たてまつ)れ。」とある規定によって、

数えで七十一歳になった延暦八年の正月に、致仕を願い、官界を引退したのである。しかし「選叙令」は、今日でいう「定年退職」を規定しているのではない。七十歳を越えて出仕していても、さしつかえはないのである。坂上忌寸犬養（宝字八年十二月六日卒）と大伴宿禰古慈斐（宝亀八年八月十九日薨）は、二人とも齢八十三歳まで生きたひとであったが、二人とも最後には、大和守の現職にあった。それなのに、今毛人は、七十一歳になったばかりで、なにゆえに性急に退任したのであろうか。

致仕の理由

今毛人の致仕の原因は、年来しきりに老衰を覚えていたこと、長岡京の造営は困難をきわめており、老骨をもってしてはとても任に堪えないと痛感したことにあるのではなかろうか。そのころの相府（しょうふ）には、頭脳明晰（めいせき）な中納言藤原朝臣小黒麻呂がいたけれども、相府の政治的環境は、老齢の今毛人を圧迫するようなものはなかったと推定される。もはや自分の挙措（きょそ）進退をよくわきまえていた今毛人は、七十一歳になったのを好機として身をひき、安らかに老を養いたかったのではないか。これはあくまで臆説にとどまるが、もっとも正鵠(せいこう)にちかいようにおもうのである。

九　礼仏散華

今毛人隠居の地

佐伯宿禰今毛人が、退官ののち薨去まで、すなわち延暦八年（七八九）正月から翌年十月までの間、どこに住んでいたかは、さだかではない。親しかった兄の真守は長岡京に居をかまえていたから、おそらく彼もやはり長岡京にひき続いてすまいしていたと臆測される。

佐伯真守の動静

兄の真守は、前にも述べたように、宝亀三年（七七二）十一月、兵部大輔（ひょうぶだゆう）兼造東大寺次官に転補され、同五年三月五日には、兵部大輔を免じられ、本官が造東大寺次官となった（『続紀』）。このころになると、東大寺に関する大規模な工事はすべて終了し、荘園その他の財産も大部分が寺家（じけ）に移されていたから、造東大寺司の業務は、ずっと軽減されていたのである。次官を勤めること六年十ヵ月で真守は河内守に転じ（「宝亀十年九月二十八日紀」）、天応元年（七八一）十一月には正五位上、延暦二年（七八三）正月には従四位下に昇叙された（『続紀』）。天応元年二月十六日、真守は河内守から他の地位に転じたようであるが（『続紀』金沢文庫本による）、それがいかなる地位であったかは不明である。延暦四年正月、真守はついに造東大寺長官に補せられた。しかし長官としての期間はわりあいに短く、翌年六月には、他のある地位に転補され、造東大寺長官は、大納言従二位藤原朝臣継縄の兼摂するところとなった（『続紀』）。真守は、造東大寺司に、

判官として三年六ヵ月（宝字八年二月頃から景雲元年八月まで）

次官として六年十ヵ月（宝亀三年十一月から同十年九月まで）

長官として一年六ヵ月（延暦四年正月から五年六月まで）

合計して十一年十ヵ月ほど勤めたのである。これをみても、真守・今毛人の兄弟が東大寺の造営にいかに功績があったかがわかるであろう。

延暦八年正月、真守は従四位上に昇叙された（『続紀』）。延暦八－九年に真守がどのような地位にあったかは不明であるが、その本宅が長岡京にあったことは、疑いがない。したがって今毛人も、その関係からやはり長岡京に隠居していたものと想定されるのである。なお真守の方は、延暦十年七月、大蔵卿に任じられ、その職にあったまま同年十一月三日に卒去した（『続紀』）。享年は明らかでないけれども、もし今毛人より二－三歳上であったとすれば、七十五歳前後であったであろう。

引退後における今毛人の収入

長岡京の造営は、依然として捗らなかった。今毛人は、これを気にかけてはいたろうが、しかし彼の晩年は、精神的には平和であったとおもわれる。延暦八年八月二十一日には、今毛人がこれまで受けていた「参議の封戸」の半分を支給すること、永くこれを慣例となすことが定められた（『続紀』）。これは、今毛人の永年にわたる功績にむくいるための恩賞であった。「参議の封戸」とは、参議に賜わる職封のことである。「禄令」によると、職封を授けられるのは、太政大臣・左右大臣・大納言だけである。令外官（りょうげのかん）、つまり大宝の「官員令（かんいんりょう）」の制定後に設定された官職に属する中納言や参議については、「禄令」に規定するところがない。したがって右の史料は、中納言や参議にも、職封が授けられた事実を証示しているのである。大納言の職封は八〇〇戸である（「禄令」）。参議のそれは、四〇〇戸ほどであったのであろう。「禄令」は、大納言以上の職封について、「もし理（ことわり）をもつて官を解かれ、および致仕せる者は、なかばを減ぜよ」と規定している。中納言・参議については、それが令外官であるため、職封は退官ののち返上する慣（なら）わしであった。ところが今毛人の場合は、全額を返上せず、大納言などの例に準じて半分だけ授与されたのである。

質素な生活

今毛人は、致仕によって季禄より離れたけれども、参議の職封の半分（おそらく二〇〇戸）、位封（正三位は二五〇戸）・位田（正三位は四〇町）などは、ひき続いて支給されたから、生活は非常に裕（ゆた）かであったわけである。しかし彼自身は、質朴な生活に甘んじていたらしい。

「東大居士伝」(『延暦僧録』第五)には、「得る所の官禄は、二分にて経を写し、先に国恩に報い、後に品類を霑し、いまだ自身・六親・知故に及ばず」(原漢文)と記されている。つまり官より受ける封禄の二割を投じて写経を行い、もって国恩に報い、あとの八割を品類のために費し、自分自身・六親(父・母・兄・弟・妻・子)や知人にそれを及ぼすことがなかったというのである。「品類」は、ここでは佐伯氏全体をさすものと考えられる。すなわち受けたところの官禄の八割を佐伯氏のために使用したという意味であろう。もっと具体的に言えば、今毛人は官禄の八割を注ぎこんで佐伯院の建立に努めたという意味なのであろう。

佐伯院建立の悲願

大伴氏には、つとに氏寺としての大伴寺(永隆寺)があった。これは、大納言大伴宿禰安麻呂(和銅七年五月薨去)の建立したところと伝えられている(『東大寺要録』巻第六)。ところが佐伯宿禰には、氏寺というものはなかった。真守と今毛人の兄弟は大いにこれを概歎し、佐伯院(正式には、香積寺)の建立を発願したのである。

佐伯院の敷地の購入

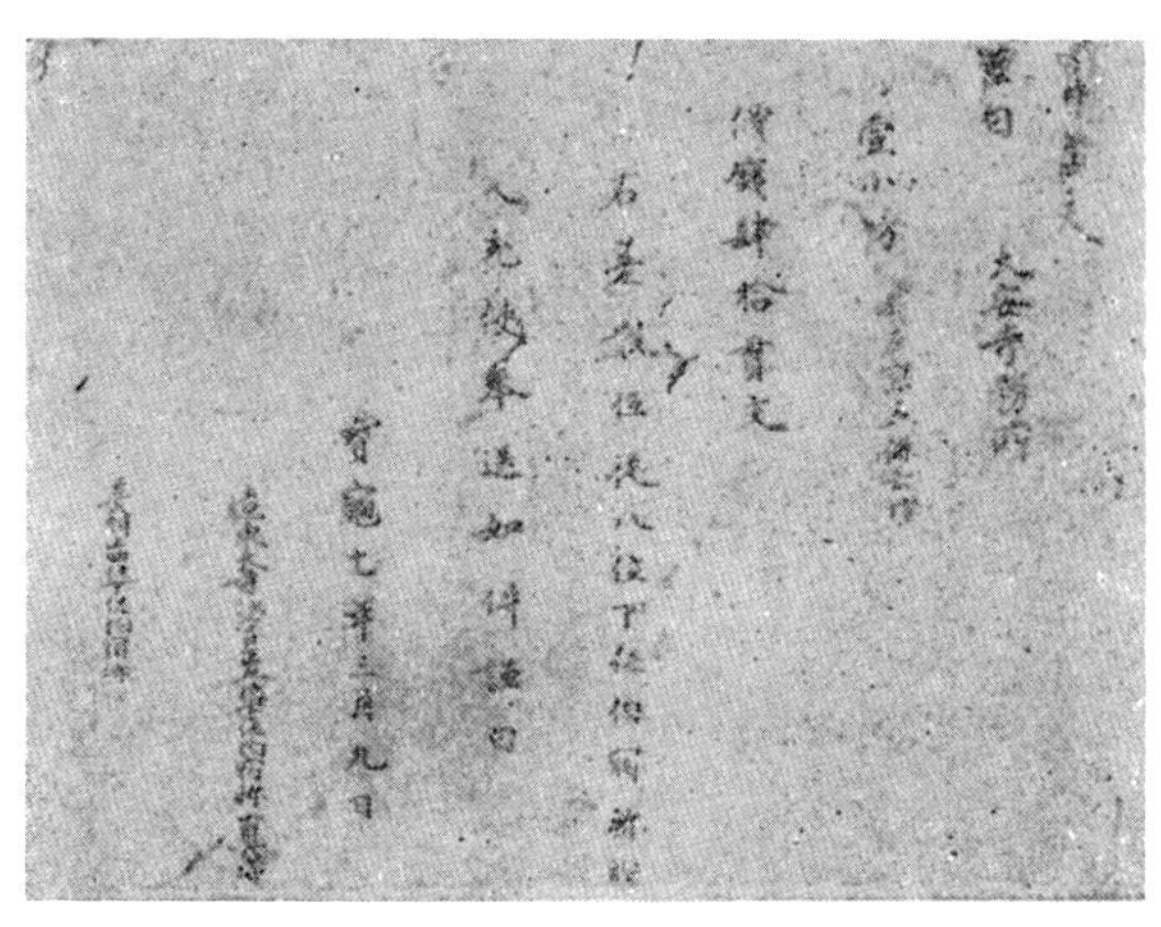

第20図　佐伯今毛人・同真守連署送銭文
（天地 29.2 cm）（『随心院文書』）

□井薗文
謹白　大安寺務所
壱小坊　在右京五条六坊
価銭肆拾貫文
右差散位従八位下佐伯宿禰□
人充使奉送如件　謹白
宝亀七年三月九日
造東大寺次官正五位下佐伯宿禰真守
左大辨正四位下佐伯宿禰

宝亀七年（七七六）の「佐伯宿禰今毛人・同真守連署送銭文」（『古文書』二三ノ六一六）と延喜五年（九〇五）の「佐伯院付属状」（『平安遺文』一ノ二四二・二四三）によると、宝亀七年の初め、佐伯兄弟は、勅許をえて東大寺から五町九反一九六歩、大安寺から一町二反一二四歩の土地を購入し、ここを彼らの氏寺の敷地としたのである（『平安遺文』九ノ三四七一）。東大寺から購入した分は、実は天平勝宝八歳（七五六）六月十二日に、東大寺に勅施入された土地である。その施入の勅書（『古文書』四ノ一一八）には、

五条六坊園　葛木寺以東
地肆坊　坊別一町二段(百)廿四歩
四至　東少道、南大道、西少道幷葛木寺、
北少道幷大安寺薗、

と記入されている。この勅書には、勝宝九歳正月四日に左京職が勘注した絵図が添えられており、その土地の所在を明確にすることができるのである。

右に掲げた四至のうち、「東は少道」とあるのは、五条七坊の一・二・三・四の坪の東を通る小路、「南は大道」は、五条大路をさしている。西の「少道幷び

佐伯院の位置

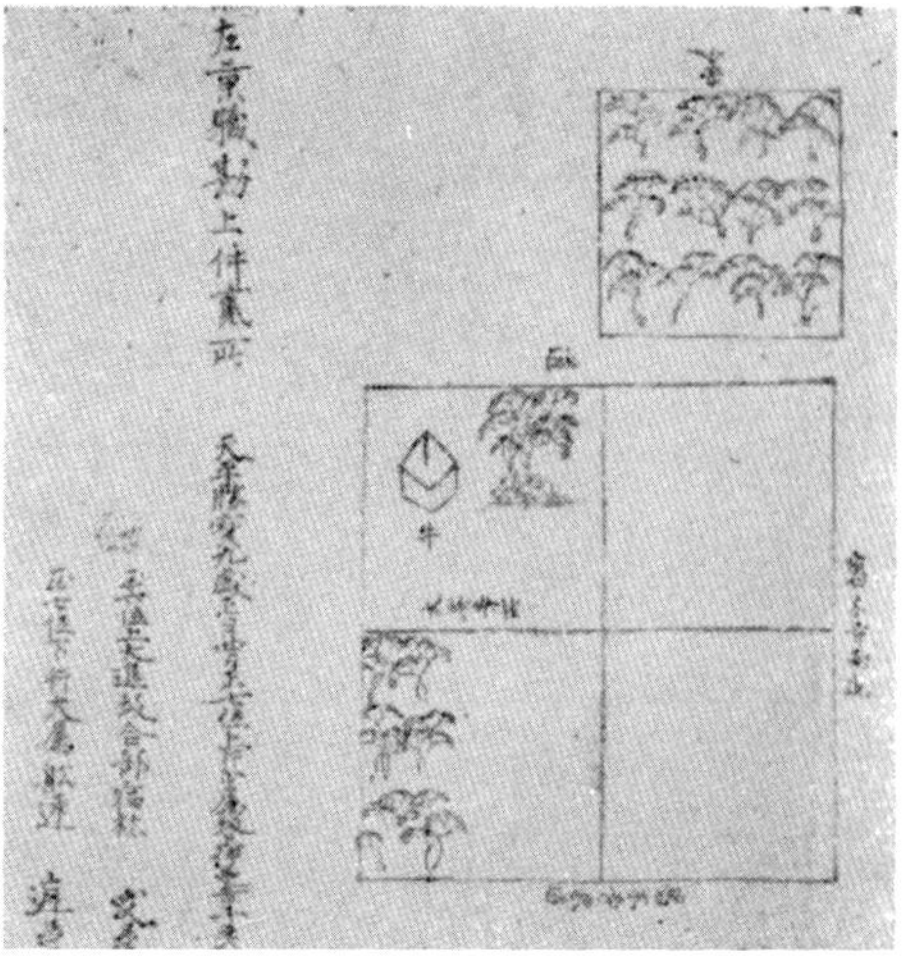

に葛木寺」は、五条六坊の六の坪と十一坪の間を南北に走る小路と、五坪にあった葛木寺とを示すものである。北の「少道幷びに大安寺の薗」は、五条七坊の三坪と四坪の間を東西に走る小路と、五条六坊十四坪にあった大安寺の井薗（井戸のある薗地）をさしている。そし

第21図　佐伯院敷地の絵図
（『随心院文書』，天平勝宝九歳正月「左京職勘文」による）

左京職勘上件弐所　天平勝宝九歳正月四日正七位上行少属坂上伊美吉子老
正六位上大進坂合部宿禰　友足
正七位下行大属船連　遅足

て絵図に示された南北に走る「道」は、六坊大路（おおじ）のことである。つまり東大寺は、勝宝八歳六月に、左京五条八坊十一・十二・十三坪と、五条七坊四坪とを合わせた五町九反一九六歩の土地を施入され、それを宝亀七年にいたって佐伯兄弟に譲渡したのである。当時、真守は造東大寺次官であったから、事は円滑に進んだに違いないのである。

しかし東大寺からえた土地は、L形を示し、寺院敷地としては体裁が悪かった。そこで佐伯兄弟は、大安寺三綱（さんごう）と交渉し、五条六坊十四坪にある大安寺の井薗の譲渡の承諾をえた。こう

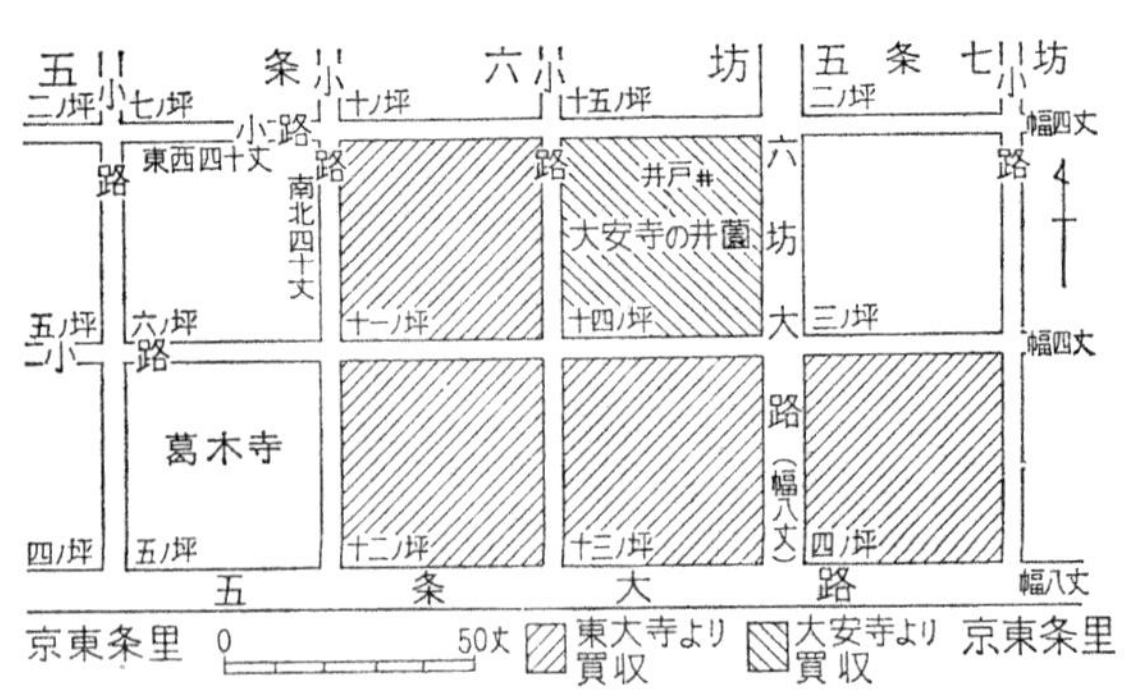

第22図　佐伯院の敷地

して宝亀七年三月九日、佐伯兄弟は、散位従八位下佐伯宿禰狩人（かりひと）を使者とし、土地代金七〇貫文を大安寺三綱所に届けさせたのである（『古文書』二三ノ六一六）。この結果、敷地は凸形となり、条坊制に合致したプランをとるにいたったのである。

佐伯院の敷地の総価格

佐伯院の敷地は、以上のように、左京の五条六坊の十一―十四坪と五条七坊の四坪にわたっており、その総面積は、道路敷地をのぞいて六町二段二〇歩（一八、六二〇坪）であった。佐伯兄弟は、この五分の一にあたる一町二段一二四歩を、東大寺からの場合と同じ価格、すなわち銭七〇貫文で購入しているから、全敷地を買収するためには、三五〇貫文ほどを払ったこととなる。これは当時の市街地の値段としては廉（やす）くない価格である。またそのころ、米一升が二〇文（一石が二貫文）程度であったことを想うと、敷地の購入だけでも、佐伯兄弟が莫大な金銭を費したことが分かるのである。

佐伯院の堂宇の位置

この広い敷地のどこに佐伯院（香積寺）のおもな堂宇が建立されたのかは、明確

にしがたい。延喜五年の「佐伯院附属状」（『平安遺文』一ノ二四二）には、

五間檜皮葺堂舎壱宇　金色薬師丈六像壱軀
同色脇士日光月光菩薩弐軀　檀相十一面観音
像壱軀

と記載されている。右の堂舎は、創建当時のもので、佐伯院の金堂であったと思考される。佐伯院は、奈良市木辻町西辺に位置していたことは確かであるけれども、金堂すらが瓦葺でなかったとすれば、遺瓦にもとづいて主要堂宇の所在地を究明することは望みがたい。この辺は人家がたてこんでいるから、よほど徹底した発掘調査によらぬかぎり、遺跡の上から所在地を決定することはむつかしいであろう。しかし条坊の実際から推定すると、その主な堂宇は、五条六坊の十三坪の一劃に存したとみる可能性が多いのである。

佐伯院の本尊

佐伯兄弟は、この敷地に、五間、つまり正面の柱間が五つある金堂を建立し、

これを中核として数棟の建物を配置したのであった。延喜五年の文書には、金堂は檜皮葺であると記載されているが、最初から瓦葺でなかったとまでは断定されないのである。この金堂に安置されたのは、金銅丈六（高さ八尺）の薬師三尊と栴檀を材料とした十一面観音像であった。これだけの堂宇を建て、仏像を作るのであるから、佐伯院の建立は巨額な経費を要したこととおもう。今毛人が官禄の大半をこれに投じたとしても、それは当然のことであった。

佐伯院と東南院

佐伯院は、宝亀七年に起工され、佐伯兄弟が生きている間に完成したという（「佐伯院附属状」）。おそらく延暦四－五年には、完成をみたのであろう。しかしそのころには、都は長岡京にうつり、せっかく建てた佐伯院も、足場が悪くなった。真守の歿後、彼の娘の氏子が有髪のままで堂守りをしていたが、そのころから寺は退転しはじめた。昌泰三年（九〇〇）にいたって、東大寺別当の道義が佐伯院の建物を東大寺境内の東南部に移した。これが有名な東大寺東南院の起原であるが（『東大寺要録』巻第四・

『東大寺続要録』諸院篇・『平安遺文』九ノ三四七二）、その詳細はここでは省略しておきたい。

今毛人の写経

『延暦僧録』は、今毛人が官禄の二割を費して経論を書写せしめていたと伝えている。早くから写経所に関係し、そこからの刺戟と便宜があったせいか、今毛人は若い時分から写経に熱意をもっていた。あるいはそれは、市原王からの影響かもしれない。いま『正倉院文書』についてみると、彼が写経所に個人的に写経を依頼することは、彼がまだ大倭国の少掾であった天平十九年（七四七）二月から始まっている（『古文書』二ノ七三二、同九ノ六七・一九三）。むろんこれが最初ではないであろうが、史料から跡づけられるかぎりでは、この時までさかのぼるのである。当時、彼は二十九歳であった。この写経の委嘱は、その後もおりおり続けられ、史料の上では、彼が造東大寺長官に在職の時分までたどることができる（『古文書』五ノ二二〇）。勝宝三年の三－四月には、『梵網経』や『観無量寿経』（一巻）を（『古文書』一一ノ三六五・五〇五）、また翌四年には、『妙法蓮華経玄賛』（一〇巻で、唐の窺基の撰）の書写を依頼している（『古文書』一二ノ八）。依頼先は、公けの写経所であったから、次官ないし長官ではあっても、そうしばしば頼むことは、はばかられたであろう（『古文書』二四ノ三七九）。むしろ彼は、すぐれた写経生を個人的にやとい、私の写経を行う方が多かったに相違ない。そして彼は、書写せしめた数多の経巻を佐伯院に施入したこととおもう。また彼自ら身を浄めて経論を写したことと想像されるが、惜しいことに彼の名が記された跋（ばつ）（あとがき）のある写経は、現存していない。

今毛人の書風

　正倉院の古文書には、今毛人が署名した書類が少なからず見出される。今毛人は、第23図のように、なかなかの達筆であり、また書体に一種の癖をもっていた。それは彼が漢字をやや細長く書き、左下または右下へはねた部分を勢よく伸ばしたことである。自署する時の癖は、「今毛人」というように、右下に少しずらして書き、とくに「人」を平仮名の「く」の字のようにくずし、端を右下へ長く伸ばすことである。今毛人の書風は、彼の実直な性格の反映とは見えない。その奔

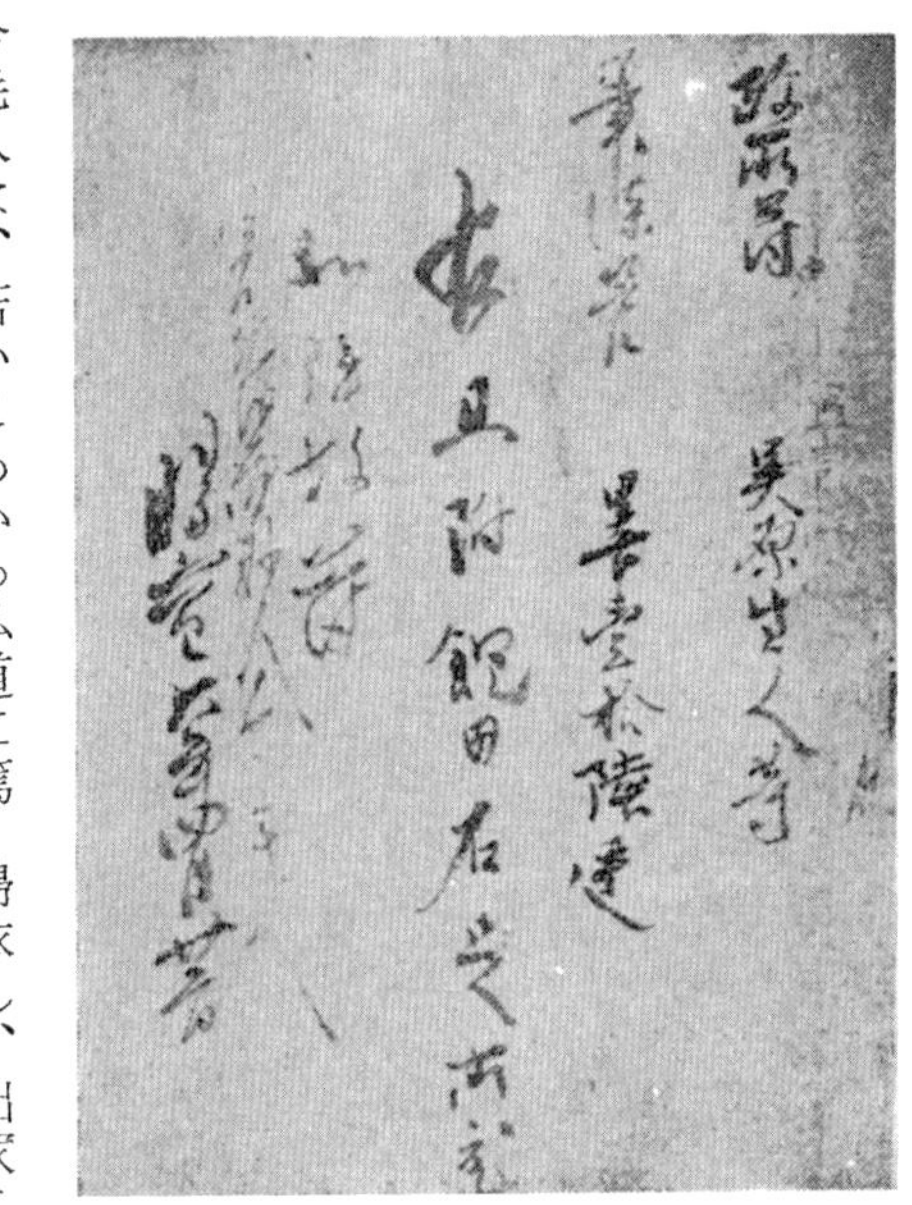

第23図　今毛人の署名ある文書
（勝宝六年・造東大寺司政所符）（天地 9.5 寸）
（『正倉院文書』）

放で力強い筆勢は、むしろ実直さによって覆われた内面の性格を示しているかのようである。

聖武天皇は、若い時分の今毛人を「東の大居士」と呼ばれた（『延暦僧録』第五）。つまり

今毛人の篤信

今毛人は、若いころから仏道に篤く帰依し、出家こそしないが、高僧の俤（おもかげ）があったのである。東大寺の造営中は、常に斎戒を持し、浄い身心をもって誠心誠意をもって任務に精進したのであった（『延暦僧録』第四）。後年には、毎朝早く起床し、『金

剛経』一巻を誦唱し、仏を拝み、花を供えてから役所に出勤したという（『延暦僧録』第四）、今毛人は、常に僧伽梨の衣をまとっていたと伝えられるが（『延暦僧録』第四）、これは僧侶が王宮または聚落にはいる時に著用する、九条以上の布を縫いあわせた大きい袈裟である。おそらく今毛人は、在家の仏者といった気持から自宅では、この種の僧衣をきていたのであろう。

大師という号

時代は降るが、大江匡房（一〇四一―一一一一）の『江談抄』の「古人の名ならびに法名の事」の条には、「今毛人大師」という記載がみられる。大師という意味ははっきりと把捉しにくいが、法名とは考えられない。おそらくそれは、東大寺・西大寺を建立した功績や彼の高僧のような生活態度や人柄について、世人が晩年の彼にあたえた呼び名であったのであろう。

芸術的趣好の問題

今毛人と大伴宿禰家持とは同族であり、同年輩であったばかりでなく、仕事の上でも、また政治的見解の一致する点でも、深い交わりがあった。とくに宝字七年（七六三）ごろには、両人は反仲麻呂運動のためには、死を誓いあった仲であった。それにもかかわらず、『万葉集』に今毛人の詠じた歌が一首も採録されていないところをみると、今毛人はほとんど歌をよむことをしなかったと推測される。大宰大弐に在任中、今毛人は志賀島の海人（あま）が香椎宮で奏する風俗楽を後援し、その衣裳を調達したこともあった。しかし全般的にいって、今毛人は文学や音楽にはあまり趣味をもたなかったように想像される。

致仕した後に今毛人がどのような日々を送っていたかは、もとより明らかではない。彼は、二十五－六歳で妻を迎えたらしいが、家庭に関する事柄は、ほとんどわからないのである。彼の息子の三野は、従四位下にまで達し、宝亀十年に歿した。清和天皇のころに活躍した正五位下佐伯宿禰三松は（『平安遺文』一ノ一二四二）、この三野の子であったと推定される。今毛人には、少なくとももうひとりの息子があったと推測されるが、委細は不明である。ともあれ彼の晩年は、子や孫にとりかこまれ、安穏なものであったとおもわれる。

延暦八-九年の今毛人は、老を養い、過ぎた歳月を回想することに明け暮れしたことであろう。彼に恩寵をたれた聖武天皇、東大寺の造営をめぐる数々の苦心、それについて交渉をもった人々——光明皇后・橘諸兄・行基・良辨など——の俤、あまりにもはかなかった仲麻呂や道鏡の政権のことども、孝謙天皇や西大寺に関する感慨など、思い出はつきることがなかったであろう。現下の問題では、征夷の事業には希望がもてたが、都の造営については、彼自らも与（あずか）ったことだけに、深く憂慮していたに相違ない。それにもまして彼の心を傷（いた）めたのは、種継の暗殺事件を契機として名門大伴氏が非常な打撃をうけたことであったとおもう。そして佐伯氏も、当然その余波を蒙らねばならなかったのである。この頽勢を挽回するためには、政治家としてすぐれた人材が輩出することが要望されたのであるが、名門佐伯氏には、こうした人材は全く見出せなかった。巨額な私財を投じて佐伯氏のために佐伯院を建立した今毛人にとって、この人材難は、大きな心残りであったに違いなかろう。

初めに触れておいたように、佐伯連（天武以後は佐伯宿禰）と佐伯直とは、祖先を同じうするものではなかった。両者は、五-六世紀においては、支配・被支配の関係にあった。しかし永年にわたる特殊な関係は、両者の間に血縁を同じうするという信念を生ぜしめたようである。このことは、「貞観三年（八六一）十一月十一日紀」にみえる大納言伴善男（大伴氏は、のちに伴氏と改名）の奏状にはっきりと表白されている（『三代実録』）。ここでは、宗教界に進出した讃岐の佐伯直と大伴・佐伯両宿禰が同祖であることが強調されている。この讃岐の佐伯直から空海が出、ついで知泉・真雅・真然（しんねん）・智証などが輩出し、仏教界を制するにいたることなどは、今毛人の想像だに及ばぬところであった。延暦七年（七八八）、空海は十五歳で長岡京に上り、伯父の従五位下阿刀宿禰大足（おおたり）（伊豫親王の侍講）の家に寓して学を修め始めた。おそらく空海は、佐伯氏の元老であった今毛人にまみえる機会をもたなかったであろう。

薨去

佐伯宿禰今毛人は、延暦九年十月三日、その永い生涯を閉じた。享年、七十二歳であった。彼の墓がどこに営まれたかは、墓誌銅板でも発見されないかぎり、もはや究明することはできない。ただ一般的にいえば、長岡京の貴族たちの墓は、都の西に接した丘陵性の山地（今日では、西山と総称され、筍の名産地として有名）に設けられていた（角田「京都府長岡町出土の骨壺」『古代文化』五ノ五）。したがって今毛人の墓は、特別な事情がないとすれば、この山地に営まれた可能性がもっとも多いのである。

不滅の業績

想えば、今毛人の官人生活は、ほとんど半世紀にわたった。彼は、その偉大な功績によって参議正三位にのぼった。これは奈良・平安時代を通じて、佐伯氏出身者としては、唯一の例なのである。また実際、東大寺の造営といった世紀の大事業を成就した不滅の業績を想起すれば、彼の昇進は、けっして高きに過ぎることはないのである。

天平年間から延暦年間へかけての政情は、きわめて波瀾の多いものであった。『続日本紀』（宝亀十一年十二月二十八日条）は、大納言正二位文室真人邑珍について、「勝宝以後、宗室枝族、辜に陥る者衆し。邑珍、髪を削りて沙門となり、以て自全を図る」と述べている。佐伯宿禰今毛人の官人生活も、けっして平旦なものではなく、そこには彼の失脚を将来する危機もあった。しかしともかく彼は、それらをきり抜けて終りを全うすることができたのである。それは、仕事に対する彼の余りにも真剣な態度、心に思うことはあっても、あえて他人と事を構えまいとする彼の心情に負うていると言えよう。

藤原仲麻呂の専横に憤慨し、彼の暗殺を企てたことは、むろん今毛人の生涯の危機には相違なかった。しかし内面的な危機は、むしろ宝亀六年ごろ（五十七歳ごろ）にあったのではないかとおもう。そのころの彼は、遣唐大使などは合法的に辞し、自全を図ろうとする意向に支配されていたかのようである。光仁天皇の治世となって彼にはまたもや運がひらけてきた。この気運に乗じて三位にまでのぼり、廟堂に列しようとする野心が、前後一貫した彼の官人生活の調子を紊(みだ)したかのようにおもわれる。しかしこれも彼自身の立場や官界における佐伯氏の状態を考えれば、やむをえなかったのであろう。

律令制の機構は、上級から下級におよぶ幾多の官人によって運営された。律令時代の政治や経済を究明する場合、官人の研究がいかに重要であるかは、あえてここに強調するまでもないことであり、現に最近はこの点に焦点をあわせた研究が続々と発表されている。しかしひとりの官人を例にとった場合、史料の関係からその官人生活を年代的に跡づけることは、はなはだ困難である。今毛人についてだけは、その点が非常に恵まれている。零細な史料をひろい集めてみると、彼の官人生活は、ほぼ跡づけることができる。しかも彼が到達した高位高官は、家柄によって与えられたものではなく、もっぱら業績にもとづいて授けられたものである。とすれば、半世紀にわたって辿（たど）られる彼の官人生活は、奈良時代における中級貴族出身の官人の典型的な例として採りあげられるのである。たしかに今毛人の場合は、すぐれた中級貴族出身の官人の例として、大いに尊重されてよいとおもう。

佐伯兄弟の偉業

佐伯今毛人は、前後十四年にわたり、若い日の情熱のすべてをあげて東大寺の創建と大仏の造像に没頭し、あらゆる困難を乗り越えて首尾よく任務をはたした。彼の兄の真守は、その後をうけつぎ、やはり十二年も造営事業に携わり、東大寺の建立を完成したのである。東大寺の造営のような大事業は、もとより特定の個人の功績に帰さるべきではない。しかし事業の最高責任者としてこれを主宰した人物の手腕の如何は、とくに一応の完成をみるまでの期間においては、事の成否に重大な影響をおよぼすのである。この意味で、東大寺の造営に注がれた佐伯兄弟の二十六年間の努力は、声を大にして表彰さるべきである。

今毛人の功績は、ひとり東大寺に関してばかりではない。西大寺の造営もまた高く評価さるべきであるし、また怡土城の築造や長岡京の造営なども、無視されてはならない。さらに表面には顕れぬにしても、左大辨としての彼の業績も、かならずや大きかったであろう。彼は、造東大寺長官・大宰大弐・左大辨を二度ないし三度勤めた。これは、おのおのの職務について彼があまりにも有能であり、政績をあげるので、廟堂の意見はつい彼を重任することに傾いたためであろう。むろんそこには、参議への最短コースをまっすぐには進みえない門閥的な制約もあったのである。

政治の粛清、国力の充実などを通じて律令体制の整備を図られたのは、光仁天皇であり、桓武天皇であった。真に律令的な政体は、これらの治世において確立されたといっても過言ではない。光仁・桓武両天皇は、佐伯今毛人の功績を正しく評価し、彼を適切な地位に昇任し、人材抜擢の成果をあげられた。しかしそれにしては、佐伯今毛人の存在は、現代ではあまり看過されているのではなかろうか。新しい角度から佐伯今毛人の業績を再評価することは、現代の歴史学者に与えられている課題のひとつではないかとおもう。

1 大伴宿禰系図

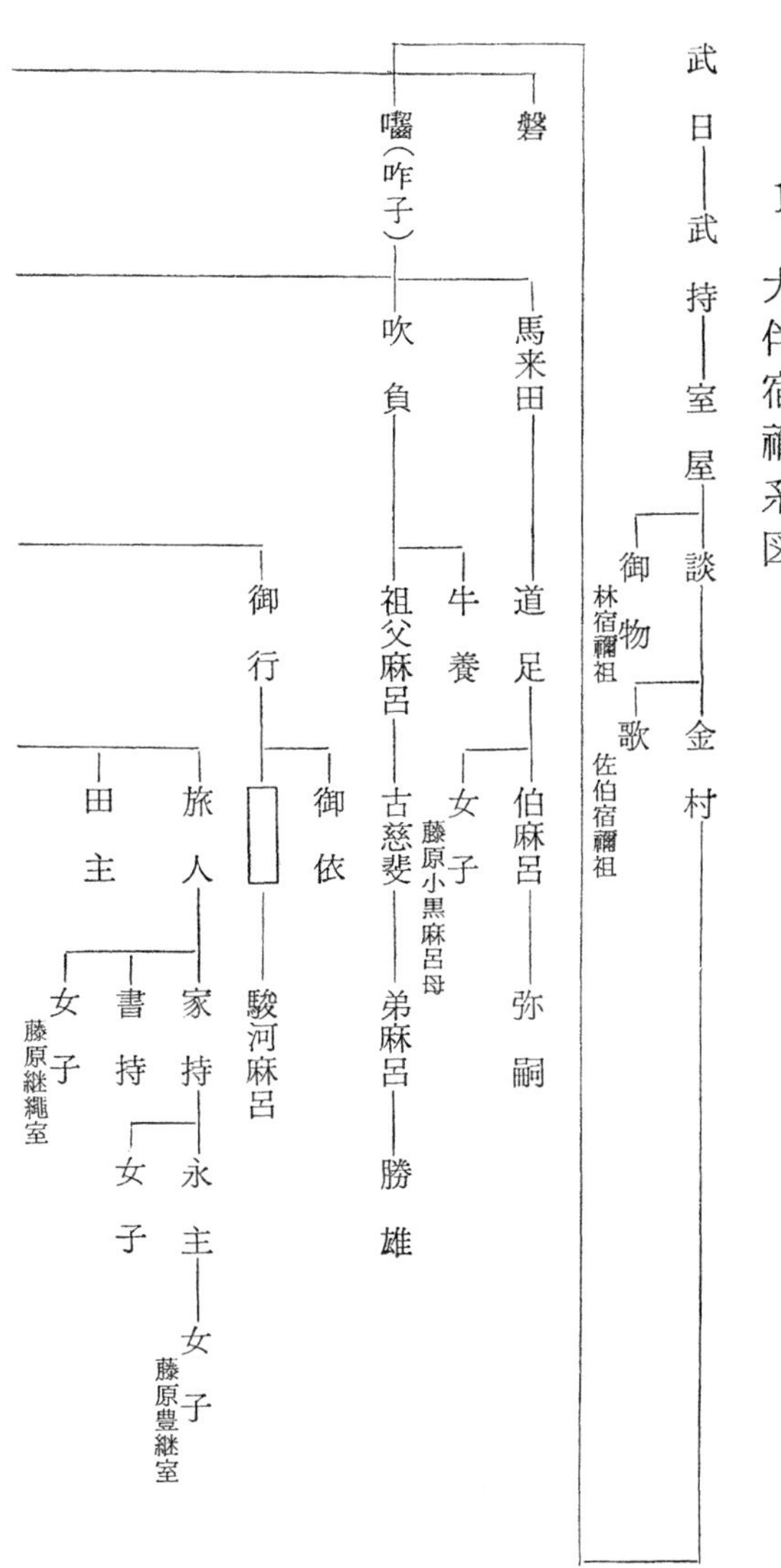
武日
武持
室屋
談
御物
林宿禰祖
歌
佐伯宿禰祖
金村
磐
囓(咋子)
馬来田
吹負
道足
牛養
祖父麻呂
御行
伯麻呂
女子
藤原小黒麻呂母
古慈斐
御依
旅人
田主
弥嗣
弟麻呂
駿河麻呂
家持
書持
女子
藤原継縄室
勝雄
永主
女子
女子
藤原豊継室

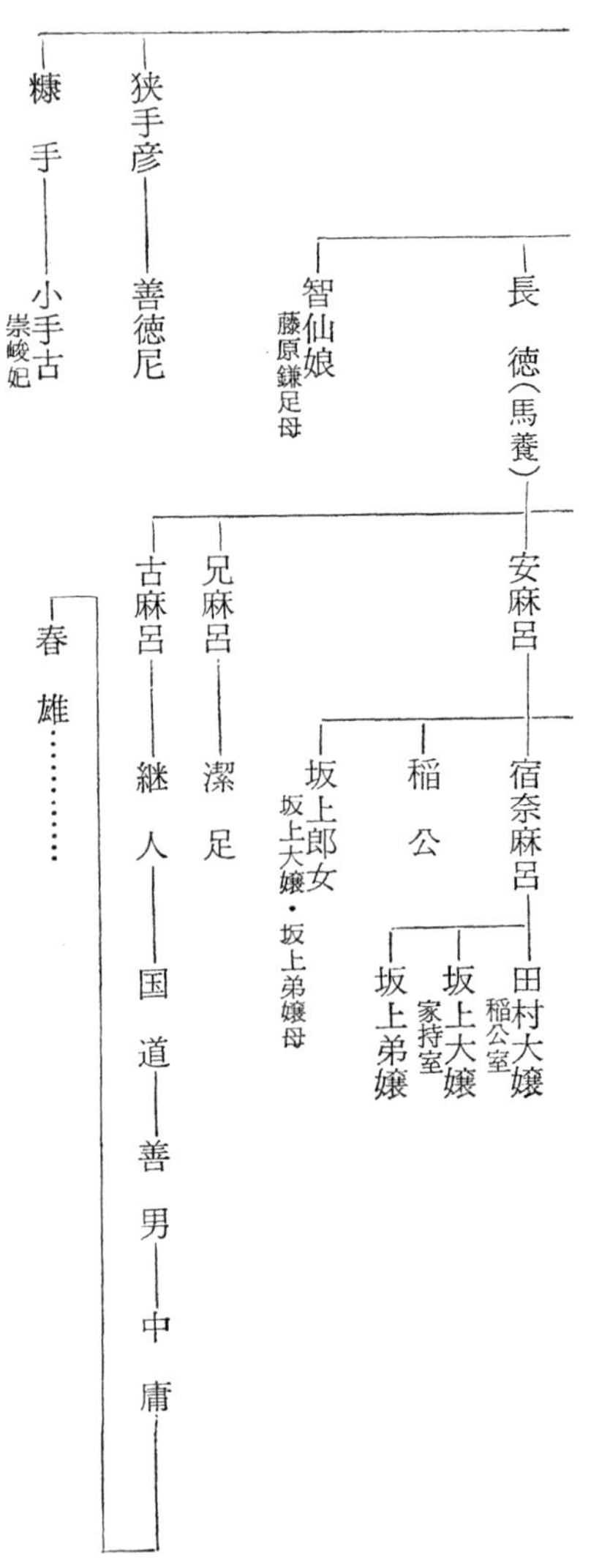
狭手彦
善徳尼
糠手
小手古
崇峻妃
長徳（馬養）
智仙娘
藤原鎌足母
安麻呂
宿奈麻呂
田村大嬢
稲公室
坂上大嬢
家持室
坂上弟嬢
稲公
坂上郎女
坂上大嬢・坂上弟嬢母
兄麻呂
潔足
古麻呂
継人
国道
善男
中庸
春雄……

2 佐伯宿禰人足流系図（確実）

3 佐伯宿禰人足流系図（推定）

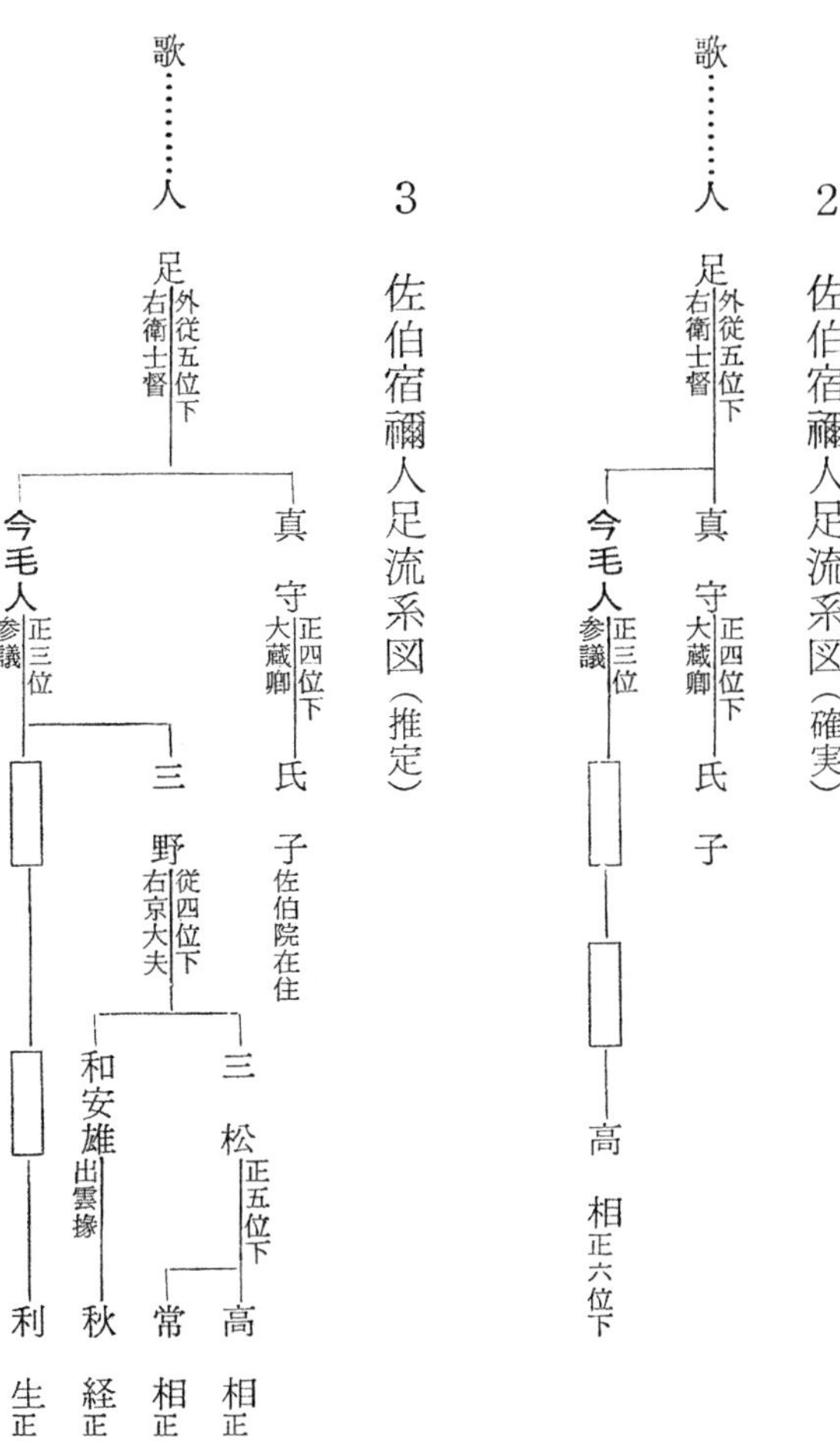

略年譜

年次	西暦	年齢	事蹟	参考事項
養老三	七一九	一	今毛人誕生、若子と名づけらる	七月、はじめて按察使をおく
四	七二〇	二		五月、『日本書紀』なる○八月、藤原不比等薨去
七	七二三	五		四月、三世一身法発令
天平元	七二九	一一		八月、藤原光明子を皇后に冊立
三	七三一	一三	このころ、大学に学ぶ(?)	七月、大伴旅人薨去
七	七三五	一七		三月、玄昉・吉備真備ら帰朝
九	七三七	一九	このころ、父を喪う(?)	四月いらい疱瘡流行し、藤原氏の有力者ら歿す
一二	七四〇	二二	四月ころ、舎人に任用、春宮坊舎人監に配さる。正八位下(?)に叙さる	二月、河内国の知識寺に行幸○六月、諸国に金光明寺をおく○八月、広嗣の乱○一二月、恭仁京遷都
一三	七四一	二三		二月、あらためて諸国に金光明寺・法華寺の造営を命ず

一四	七四二	二四	八月、このころ、主典として造甲賀宮司に出向	八月、近江国紫香楽宮の造営
一五	七四三	二五		五月、墾田地永代私有令発布○一〇月、紫香楽宮に金銅大仏の造顕を命ず
一六	七四四	二六	造甲賀宮司にあって大仏造顕に従事	二月、難波京に遷都○一一月、甲賀宮の大仏の骨柱立つ
一七	七四五	二七	四月二五日、従七位下に昇叙○一〇月、このころより大倭金光明寺の造営に与る	一月、行基、大僧正に任ぜらる○五月、平城京復都○一〇月、このころ、大倭金光明寺に大仏を造顕すること内定
一八	七四六	二八	三月七日、従七位上に昇叙○このころ、大倭少掾の任にあり、金光明寺造物所および優婆塞司に出向○一二月二二日、東大寺造営の労により禄物を賜う	四月、このころ、東大寺(大倭金光明寺)の造営着工○一〇月、金鐘寺に行幸し、千手堂の銀造盧舎那仏を供養せらる
一九	七四七	二九	夏・秋のころ、今毛人と改名	九月、東大寺大仏の鋳造開始○この年、造東大寺務所設置
二〇	七四八	三〇	七月、このころ、造東大寺次官に補され、大倭少掾を兼任	七月、このころ、造東大寺司設置され、市原王その知事となる
天平感宝元 天平勝宝元	七四九	三一	四月、このころ大倭介を兼任○一二月二七日、従五位下に昇叙(七階を越階)	二月、行基寂滅○四月一日、東大寺に行幸○四月二三日、陸奥国より黄金とどく○七

天平勝宝二	七五〇	三二	一二月九日、正五位上に昇叙	月二日、孝謙天皇即位○一〇月、東大寺大仏の鋳造完成 九月、藤原清河を遣唐大使に任命
三	七五一	三三	三月、このころ、梵網経・無量寿経の書写を写経所に依頼	正月一四日、東大寺行幸○四月、良弁を少僧都とす○この年、大仏殿竣功
四	七五二	三四	この年、妙法蓮華経玄賛の書写を写経所に依頼	三月一四日、東大寺大仏の塗金開始○四月九日、大仏開眼○四月、このころ、藤原仲麻呂、政権を確立
五	七五三	三五		正月、東大寺西塔竣功
六	七五四	三六	五月、良弁とともに、鑑真将来の珍物を内裏に献上○六月、太皇太后崩御により造山司となる	正月、鑑真来朝
七	七五五	三七	一月、造東大寺長官に昇任	この年、東大寺講堂竣功
八	七五六	三八	五月三日、上皇の崩御により造山司となる	五月二日、上皇(聖武)崩御○六月、大宰大弐吉備真備、怡土城の造築を開始
天平宝字元	七五七	三九	五月五日、従四位下に昇叙○六月、このころ、造東大寺長官を解かれ、ある地位(大膳大夫か)に転補	正月、前左大臣橘諸兄薨○四月、大炊王を皇太子となす○四月、東大寺の廻廊竣功、大仏の塗金完了○五月二日、東大寺にて聖武天皇の周忌○六月、このころ、坂上犬

				養、造東大寺長官に補任○七月、橘奈良麻呂の変
二	七五八	四〇		八月一日、淳仁天皇即位○一〇月、国司の年限四年を六年に改む○年末、新羅征討を計画
三	七五九	四一	一一月五日、摂津大夫に転補	一二月、授刀衛を設置
四	七六〇	四二	六月、皇太后の崩御により山作司となる	正月、紫微内相恵美押勝(藤原仲麻呂)、太師となる○六月七日、皇太后(光明皇后)崩御
五	七六一	四三		一〇月、国中公麻呂、造東大寺次官に補任
六	七六二	四四	九月三〇日、石川年足の薨去により大伴家持とともにその京宅を訪ね、弔意を表す	正月、大伴家持、中務大輔に任じられ、因幡国より都に戻る○六月二三日、尚蔵兼尚侍藤原袁比良(仲麻呂正室)薨去
七	七六三	四五	正月九日、造東大寺長官に再任○三月、藤原宿奈麻呂・石上宅嗣・家持などとともに恵美押勝の暗殺を謀議○四月、藤原良継(宿奈麻呂)の変により解官	四月一四日、市原王、造東大寺長官に補任○五月、鑑真寂滅○九月、道鏡少僧都に補さる
八	七六四	四六	正月二一日、営城監を命じられ、大宰府に赴く○八月四日、肥前守兼任	正月、大宰大弐吉備真備を造東大寺長官とす○二月ころ、佐伯真守、造東大寺判官とす

天平神護元	七六五	四七	二月、大宰大弐に補任○三月一〇日、怡土城を築く専知官を兼任	なる○九月、恵美押勝の乱起る○同月、道鏡を大臣禅師となす○九月一二日、佐伯三野および佐伯真守、ともに従五位上に昇叙○一〇月、天皇を廃し、上皇重祚(称徳天皇)二月三日、授刀衛を改めて近衛府となし、また佐伯三野を右衛士佐となす ○閏一〇月、道鏡、太政大臣禅師となる
二	七六六	四八	四月、東国の防人の復活を請いて許さる	二月二一日、佐伯三野、功田二〇町を賜わる○一二月、西大寺に行幸
神護景雲元	七六七	四九	二月二八日、造西大寺長官に補任○八月二九日、左大弁を命じられ、造西大寺長官を兼任	三月、西大寺の造営本格化す○同月、法王宮職を設置し、また佐伯三野を下野守に任ず
二	七六八	五〇		二月、怡土城なる
三	七六九	五一	三月一〇日、因幡守兼任○四月二四日、従四位上に昇叙	四月二四日、西大寺に行幸○九月、和気清麻呂を大隅国に流す
宝亀元	七七〇	五二	六月一三日、播磨守兼任○八月、命により道鏡を下野国に進発せしむ○同月、天皇崩御により作山陵司となる○一〇月、このころ、三たび造東大寺長官となる(兼任)	八月四日、称徳天皇崩御○八月二一日、道鏡を左遷○一〇月、佐伯三野、正五位下に昇叙

二	七七一	五三	二月二二日、左大臣藤原永手の葬儀を監護○一一月二一日、大嘗会において宮門を開く	閏三月一日、佐伯三野、陸奥守兼鎮守将軍に補任、時に従四位下○この年、実忠、東大寺大仏殿を修理す○この年、東大寺盧舎那仏の大光背完成○この年、西大寺、弥勒金堂竣功
三	七七二	五四	四月、このころ造東大寺長官を辞す（引続き左大弁にて造西大寺長官兼任）	三月、皇后を廃す○九月二九日、佐伯三野、右京大夫に転補○同日、佐伯真守、兵部少輔に転ず○一一月一日、佐伯真守、兵部大輔に昇任○この年、西大寺の西塔竣功
四	七七三	五五	二月、播磨国に赴き、口分田を班給○一〇月一四日、難波内親王の葬儀を監護	九月、佐伯真守、造東大寺次官を兼任○閏一一月、良辨寂滅
五	七七四	五六	三月五日、播磨守の兼任を解かる	三月五日、佐伯三野、官を辞す○同日、佐伯真守、兵部大輔を免じられ、造東大寺次官専任
六	七七五	五七	六月一九日、遣唐大使に任命	一〇月、前右大臣吉備真備薨去
七	七七六	五八	三月、兄真守とともに佐伯院の敷地を購入○四月一五日、大使として節刀を賜う○閏八月六日、渡航の延期を許さる○一一月一五日、入京して節刀を返上	この年、征夷の業、進捗す

八	七七七	五九	四月一七日、大使として再び節刀を賜う○四月二二日、平城京出発、病のため摂津職に滞留、遂に渡航せず○一〇月一三日、病のため左大弁を辞し、散官となって静養	六月一日、遣唐副使に進発を命ず○九月一八日、内大臣藤原良継薨去
九	七七八	六〇	病のため静養	九月二八日、佐伯真守、河内守に転出○一一月、遣唐副使小野石根ら、帰路漂没す
一〇	七七九	六一	九月四日、再び大宰大弐に補任、博多の防衛に努む	二月六日、佐伯三野卒去
一一	七八〇	六二	この年、志賀島の白水郎の風俗楽の衣裳を香椎廟宮に奉献	正月、新羅使来朝
天応 元	七八一	六三	四月一五日、正四位上に昇叙○六月一六日、員外帥藤原浜成を大宰府の行政に与らしめず、今毛人もっぱら執行すべき勅命あり	二月一六日、佐伯真守、他の職に転出○一一月一五日、佐伯真守、正五位上に昇叙
延暦 元	七八二	六四	四月二七日、左大弁に再任○六月二〇日、大和守兼任○六月二一日、従三位に昇叙	正月一六日、佐伯真守、従四位下に昇叙○閏正月、氷上川継事件○三月九日、藤原種継、参議となる
二	七八三	六五	四月二〇日、皇后大夫兼任	四月一八日藤原乙牟漏を皇后に冊立
三	七八四	六六	五月一六日、長岡遷都に際し視察使となる○六月一〇日、造長岡宮使となる○一〇月、	一一月一一日、山背国長岡に遷都

			阿倍古美奈の葬儀を監護○一二月二日、参議に補任	
四	七八五	六七	五月、瑞鳥の出現を奏上○六月一八日、正三位に昇叙○七月六日、民部卿を兼任○このころ、佐伯院の伽藍完成	正月一五日、佐伯真守、造東大寺長官に補任○八月二八日、中納言大伴家持薨去○九月二三日、藤原種継暗殺さる○一〇月四日、皇太子を廃す○一一月二五日、安殿親王を皇太子とす
五	七八六	六八	四月一一日、兼官（皇后大夫・民部卿・大和守）を解かれ、大宰帥を兼任	六月九日、佐伯真守、造東大寺長官より他に転出
七	七八八	七〇		この年、空海（佐伯氏）上京
八	七八九	七一	正月九日、致仕	正月六日、佐伯真守、従四位上に昇叙（延暦一〇年卒）
九	七九〇	七二	一〇月三日、薨去	一〇月、また鋳銭司をおく○このころ、長岡京の造営遅滞す

参考文献

一、直接関係する文献

大庭脩「佐伯宿禰今毛人伝略考——奈良時代官人昇進の一例——」（『龍谷史壇』第四号所収）昭和三三年　龍谷大学史学会

野村忠夫「律令官人の構成と出自」（大阪歴史学会編『律令国家の基礎構造』所収）昭和三五年　吉川弘文館

竹内理三・山田英雄・平野邦雄「佐伯宿禰今毛人」（同編『日本古代人名辞典』第三巻所収）昭和三六年　吉川弘文館

角田文衛「天平勝宝元年の造東大寺司解」（『古代文化』第六巻第四号所収）昭和三六年　古代学協会

二、部分的に関係する文献

堀池春峰「優婆塞貢進と出家人試所」(『日本歴史』等一一四号所収) 昭和三二年 吉川弘文館

堀池春峰「金鐘寺私考」(『南都仏教』第二号所収) 昭和三〇年 南都仏教研究会

岸俊男「東大寺をめぐる政治的情勢」(『ヒストリア』第一五号所収)

井上薫「大仏造顕をめぐる政治的情勢」(『ヒストリア』第一五号所収) 昭和三一年 大阪歴史学会

井上薫『行基』(『人物叢書』) 昭和三四年 吉川弘文館

荒木宏『技術者のみた奈良と鎌倉の大仏』 昭和三四年 有隣堂

小林剛「国中連公麻呂」(『奈良国立文化財研究所学報』第三冊所収) 昭和三〇年 天理時報社

森蘊
牛川喜幸「東大寺造営当時の自然地形について」(『大和文化研究』

第五巻第四号所収）　昭和三五年　大和文化研究会
角田文衛「藤原袁比良」（『古代文化』第六巻第五号所収）　昭和三六年　古代学協会
角田文衛「恵美押勝の乱」（『古代文化』第六巻第六号所収）
西井芳子「三尾埼について」（『古代文化』第六巻第六号所収）　昭和三六年　古代学協会
横田健一『道鏡』（『人物叢書』）　昭和三四年　吉川弘文館
田村吉永「奈良朝創建の香積寺に就いて」（『史迹と美術』第一七〇号所収）　昭和二一年　史迹美術同攷会
福山敏男「葛木寺と佐伯院（香積寺）」（同著『奈良朝寺院の研究』所収）　昭和二三年　高桐書院
佐伯有清「長岡・平安遷都事情新考」（『日本歴史』第一二五号所収）　昭和三三年　吉川弘文館

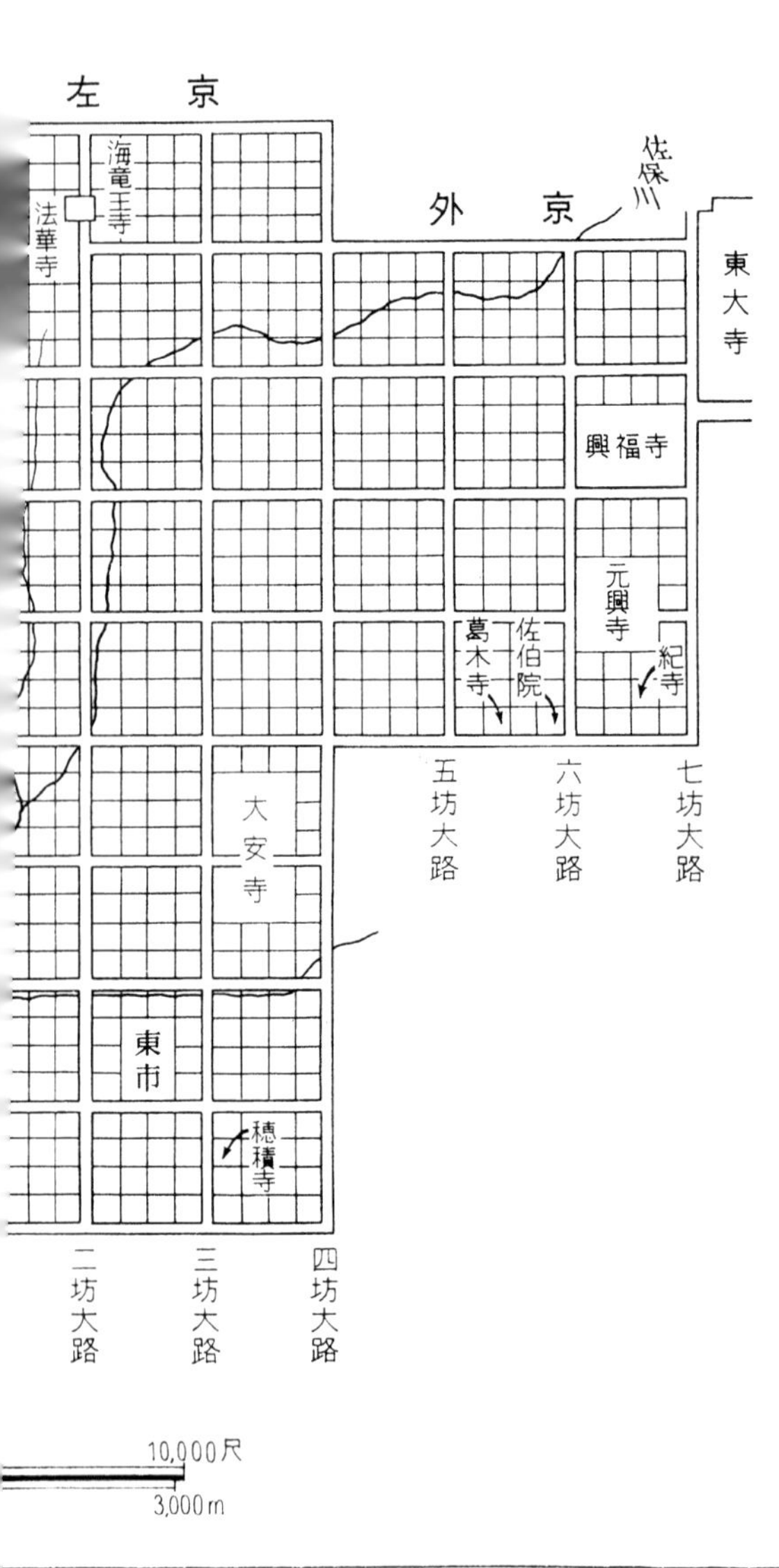
左京
外京
佐保川
海竜王寺
法華寺
東大寺
興福寺
元興寺
葛木寺
佐伯院
紀寺
大安寺
東市
穂積寺
五坊大路
六坊大路
七坊大路
二坊大路
三坊大路
四坊大路
10,000尺
3,000m

平城京図

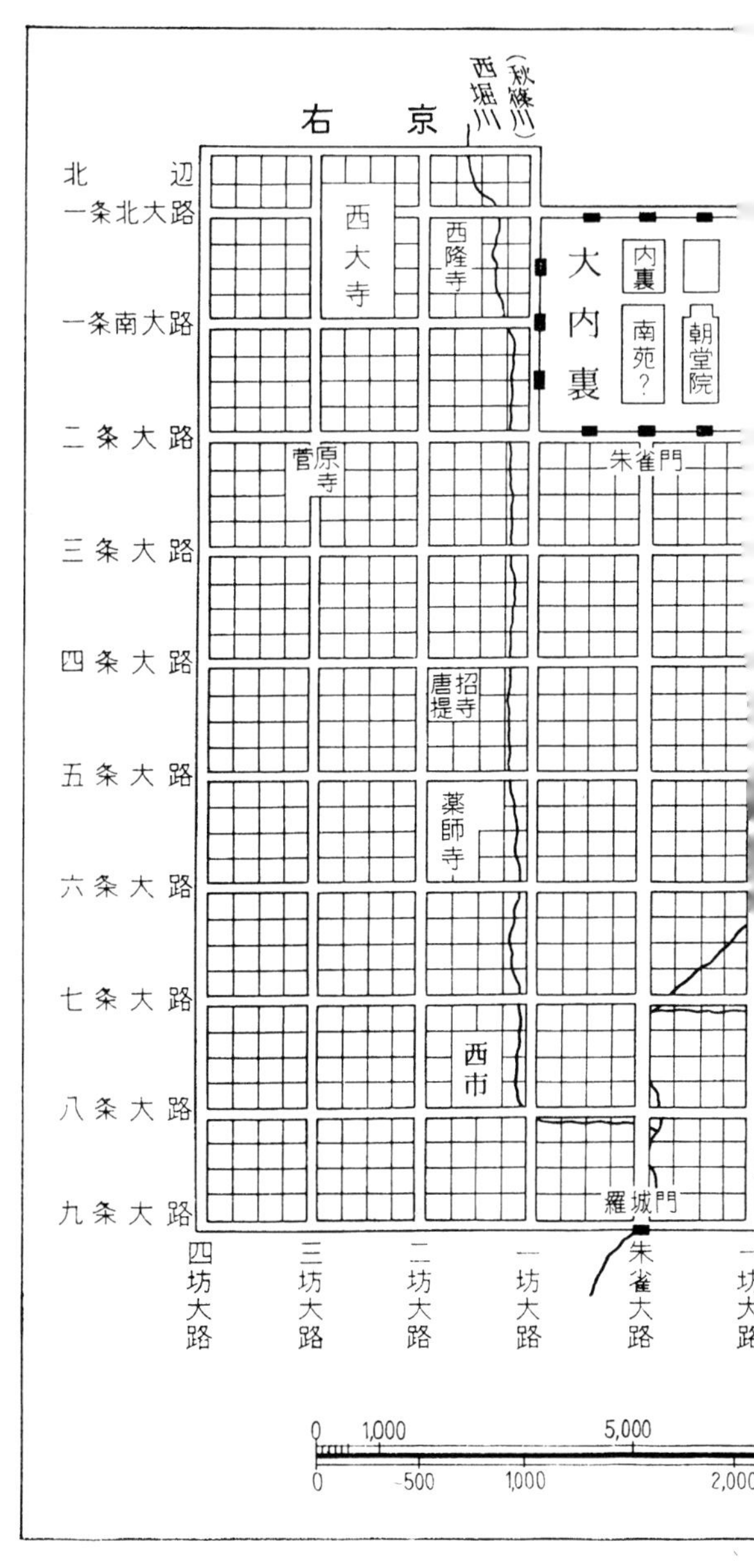
右　京
西堀川
（秋篠川）
北　辺
一条北大路
一条南大路
二条大路
三条大路
四条大路
五条大路
六条大路
七条大路
八条大路
九条大路
西大寺
西隆寺
大内裏
内裏
南苑？
朝堂院
朱雀門
菅原寺
唐招提寺
薬師寺
西市
羅城門
四坊大路
三坊大路
二坊大路
一坊大路
朱雀大路
0
1,000
5,000
0
500
1,000
2,000

著者略歴

大正二年生れ
昭和十二年京都帝国大学史学科考古学専攻卒業
大阪市立大学教授、平安博物館長を経て
現在　財団法人古代学協会専務理事、文学博士
主要著書
律令国家の展開　紫式部とその時代　王朝の映像　王朝の明暗　日本の後宮　日本の女性名

人物叢書　新装版

佐伯今毛人

昭和三十八年 七 月 十 五 日　第一版第一刷発行
昭和六十三年 七 月　一　日　新装版第一刷発行

著　者　角田文衛（つのだぶんえい）
編集者　日本歴史学会
代表者　児玉幸多
発行者　吉川圭三
発行所　株式会社　吉川弘文館
東京都文京区本郷七丁目二番八号
郵便番号一一三
電話〇三—八一三—九一五一〈代表〉
振替口座東京〇—二四四
印刷＝平文社　製本＝ナショナル製本

『人物叢書』（新装版）刊行のことば

人物叢書は、個人が埋没された歴史書が盛行した時代に、「歴史を動かすものは人間である。個人の伝記が明らかにされないで、歴史の叙述は完全であり得ない」という信念のもとに、専門学者に執筆を依頼し、日本歴史学会が編集し、吉川弘文館が刊行した一大伝記集である。

幸いに読書界の支持を得て、百冊刊行の折には菊池寛賞を授けられる栄誉に浴した。

しかし発行以来すでに四半世紀を経過し、長期品切れ本が増加し、読書界の要望にそい得ない状態にもなったので、この際既刊本の体裁を一新して再編成し、定期的に配本できるような方策をとることにした。既刊本は一八四冊であるが、まだ未刊である重要人物の伝記についても鋭意刊行を進める方針であり、その体裁も新形式をとることとした。

こうして刊行当初の精神に思いを致し、人物叢書を蘇らせようとするのが、今回の企図である。大方のご支援を得ることができれば幸せである。

昭和六十年五月

日本歴史学会

代表者　坂本太郎

〈オンデマンド版〉
佐伯今毛人

人物叢書　新装版

2020年（令和2）11月1日　発行

著　者　角田文衛（つのだぶんえい）
編集者　日本歴史学会
代表者 藤田 覚
発行者　吉川道郎
発行所　株式会社　吉川弘文館
〒113-0033　東京都文京区本郷7丁目2番8号
TEL　03-3813-9151〈代表〉
URL　http://www.yoshikawa-k.co.jp/

印刷・製本　大日本印刷株式会社

角田文衛（1913～2008）

ISBN978-4-642-75123-0